道徳科授業サポートBOOKS

小学校
道徳科

「問題解決的な学習」
をつくるキー発問50

柳沼 良太 著
岐阜大学大学院准教授

竹井 秀文 著
名古屋市立下志段味小学校

明治図書

はじめに

　特別の教科となる道徳科では，問題解決的な学習を積極的に取り入れ，従来の「読む道徳」から，「考え，議論する道徳」へと質的転換することが目指されています。道徳科の成否は，こうした問題解決的な学習に代表される「考え，議論する道徳」を実現し，主体的・対話的で深い学びを各教科等に先がけて適切に導入し，より多様で質の高い授業をどれだけ豊かに展開できるかにかかっています。

　ただ，その一方で，「道徳科で問題解決的な学習をやりたいけれど，どうやればいいの？」「従来のやり方とどう違うの？」という学校現場の声を聞くことがあります。問題解決的な学習では，子どもが道徳的問題に向き合い，「どうしたらよいか？」を主体的に考え，協働して解決します。その点で，従来のように「登場人物はどんな気持ちだったか？」を読み取る道徳の指導法とは根本的に異なります。

　また，「道徳科で問題解決的な学習をやってみたけれど，うまくいきませんでした」「子どもたちからいろんな意見が出て，収拾がつかなくなりました」という悩みを聞くこともあります。慣れないうちは，子どもたちの多様で不規則な意見にうまく対応できず，立ち往生してしまうこともあるでしょう。この指導法に熟達された先生方は，想定問答を念頭に入れ，事前にシミュレーションしておき，臨機応変に子どもたちへ問い返しをしています。例えば，多面的・多角的な考えを促す発問，多様な意見をまとめる発問，互いに納得できる最善解を導く発問などを事前に準備しておき，授業中，必要に応じて繰り出すのです。

　こうした子どもが本気で考え，議論したくなるような発問を，教師がどれほど豊かにもっており，タイミングよく発信できるかが，道徳科を成功・充実させるうえでの鍵（キー）となります。そこで本書では，問題解決的な学習をつくるために重要な発問を50ほど精選し，「キー発問50」と銘打つことにしました。こうしたキー発問を教師が自由自在に活用できるようになると，

子どもたちの方も道徳を学ぶことが楽しくなり，自らの成長を実感できるようになり，やる気も高まっていきます。

　本書のキー発問50は，すでに有効性が検証された有意義なものばかりであり，教材や子どもの実態に合わせて調整できます。本書で提示するキー発問，例えば，「自分がそうされてもよいか？」「その結果，どうなるか？」「人間としてどうしたらよいか？」などは，他の教科・領域でも使えます。また，子どもたちの個人的な悩み，人間関係のもつれ，集団内のトラブル，社会的問題，そして今日的課題などにも使えます。こうしたキー発問は，実効性や汎用性が極めて高いため，子どもたちの日常生活における行為や習慣にもよい影響を及ぼし，学校の道徳教育全体で機能するのです。

　21世紀を生きる子どもたちは，答えが一つではない様々な道徳的・社会的な諸問題に向き合うことになります。そこで，子どもたちが主体的に考え，判断し協働して問題を解決しながら，よりよく生きる力の基盤となる道徳性を育めるように，教師はこうしたキー発問をぜひ多方面で活用していただきたいところです。

　本書の授業例は，問題解決的な学習の道徳授業に熟達している竹井秀文先生がキー発問50に対応させて開発・実践されたもので，柳沼が全般的に監修しています。竹井先生の道徳授業は，子どもたちが自然と道徳的問題に興味・関心をもち，その解決を目指して誰もが主役として生き生きと活躍できるように創意工夫されています。本書で取り上げたキー発問50も，竹井先生のリアルな道徳授業の中で活用されているのをご覧いただくことで，よりビビットにライブ感覚でご理解いただけるでしょう。実際に，どの教材でどのタイミングにどのように問いを発し，問い返せば効果的なのか。ぜひ，教師と子どもたちの当意即妙なやり取りをご理解いただきたいところです。

　ぜひ道徳科で本書の問題解決的なキー発問をご活用いただき，我が国でも本当の「考え，議論する道徳」が豊穣に展開されるようになることを祈念いたします。

平成29年12月　柳沼　良太

Contents

はじめに

Chapter 1 「問題解決的な学習」をつくる 発問設計のポイント

道徳科で求められる「問題解決的な学習」……10

- ❶ 問題解決的な学習における「主体的な学び」と発問……11
- ❷ 問題解決的な学習における「対話的な学び」と発問……12
- ❸ 問題解決的な学習における「深い学び」と発問……13

「問題解決的な学習」をつくる発問の在り方……15

- ❶ テーマ別の発問……15
- ❷ 学習指導過程に対応した発問50……27
- ❸ 番外編　通常の授業以外で使う発問……30

効果的な発問を導くとっておきのしかけ……32

- ❶ 子ども一人ひとりに愛情をもって問いかける……32
- ❷ 問題解決的な学習に適した発問を精選する……33
- ❸ 個人間の競争・論争ではなく，集団の協創・共創を促す……33
- ❹ 子どもが互いの意見を尊重し合う温かい人間関係をつくる……34
- ❺ 多様に広がった解決策をまとめる……34
- ❻ 自分を俯瞰し，本当の自己に気づく発問にする……35
- ❼ ネガティブな自己像からポジティブな自己像にする……36
- ❽ ペアやグループで皆が主役の学習にする……36

❾ 子どもたちの考えた解決策で役割演技やスキル学習をする……37
❿ 問題解決的な発問を日常生活や他教科等でも活用する……37

Chapter 2 「問題解決的な学習」をつくる キー発問50

低学年

01	内容項目　A-(2)　正直，誠実 教材名　くまさんのおちゃかい……40	
02	内容項目　A-(2)　正直，誠実 教材名　お月さまとコロ……42	
03	内容項目　A-(3)　節度，節制 教材名　教えていいのかな……44	
04	内容項目　A-(3)　節度，節制 教材名　かぼちゃのつる……46	
05	内容項目　B-(6)　親切，思いやり 教材名　はしの上のおおかみ……48	
06	内容項目　B-(6)　親切，思いやり 教材名　ぐみの木と小鳥……50	
07	内容項目　B-(7)　感謝 教材名　ありがとうはだれがいう？……52	
08	内容項目　B-(9)　友情，信頼 教材名　二わのことり……54	
09	内容項目　B-(9)　友情，信頼 教材名　泣いた赤おに……56	
10	内容項目　B-(9)　友情，信頼 教材名　およげないりすさん……58	

11	内容項目　B-(9)　友情，信頼 **教材名　モムンとヘーテ**……60
12	内容項目　C-(10)　規則の尊重 **教材名　きいろいベンチ**……62
13	内容項目　C-(11)　公正，公平，社会正義 **教材名　たっくんもいっしょに**……64
14	内容項目　C-(12)　勤労，公共の精神 **教材名　わたしたちもしごとをしたい**……66
15	内容項目　C-(15)　伝統と文化の尊重，国や郷土を愛する態度 **教材名　ぼくのまちも，ひかってる！**……68
16	内容項目　D-(18)　自然愛護 **教材名　虫が大すき（アンリ・ファーブル）**……70

中学年

17	内容項目　A-(1)　善悪の判断，自律，自由と責任 **教材名　よわむし太郎**……72
18	内容項目　A-(2)　正直，誠実 **教材名　まどガラスと魚**……74
19	内容項目　A-(3)　節度，節制 **教材名　太郎のいどう教室**……76
20	内容項目　A-(3)　節度，節制 **教材名　ロバを売りに行く親子**……78
21	内容項目　A-(4)　個性の伸長 **教材名　わたしのゆめ**……80
22	内容項目　A-(5)　希望と勇気，努力と強い意志 **教材名　ぼくらは小さなかにはかせ**……82
23	内容項目　B-(6)　親切，思いやり **教材名　心と心のあく手**……84

24	内容項目　B-(8)　礼儀 **教材名　三本のかさ** …… 86
25	内容項目　B-(9)　友情，信頼 **教材名　絵はがきと切手** …… 88
26	内容項目　B-(9)　友情，信頼 **教材名　友だち屋** …… 90
27	内容項目　C-(11)　規則の尊重 **教材名　雨のバス停りゅう所で** …… 92
28	内容項目　C-(12)　公正，公平，社会正義 **教材名　プロレスごっこ** …… 94
29	内容項目　C-(14)　家族愛，家庭生活の充実 **教材名　お母さんのせいきゅう書** …… 96
30	内容項目　C-(15)　よりよい学校生活，集団生活の充実 **教材名　えがおいっぱい** …… 98
31	内容項目　C-(17)　国際理解，国際親善 **教材名　いつかオーストラリアへ** …… 100
32	内容項目　D-(18)　生命の尊さ **教材名　五百人からもらった命** …… 102
33	内容項目　D-(20)　感動，畏敬の念 **教材名　花さき山** …… 104

高学年

34	内容項目　A-(1)　善悪の判断，自律，自由と責任 **教材名　心の管理人** …… 106
35	内容項目　A-(2)　正直，誠実 **教材名　手品師** …… 108
36	内容項目　A-(5)　希望と勇気，努力と強い意志 **教材名　夢に向かって―三浦雄一郎―** …… 110

37	内容項目　A-(5)　希望と勇気，努力と強い意志
	教材名　鑑真和上 …… 112

38	内容項目　A-(6)　真理の探究
	教材名　帰ってきた，はやぶさ …… 114

39	内容項目　B-(7)　親切，思いやり
	教材名　命のおにぎり …… 116

40	内容項目　B-(10)　友情，信頼
	教材名　ロレンゾの友達 …… 118

41	内容項目　B-(10)　友情，信頼
	教材名　ミレーとルソー …… 120

42	内容項目　B-(11)　相互理解，寛容
	教材名　ブランコ乗りとピエロ …… 122

43	内容項目　C-(12)　規則の尊重
	教材名　いらなくなったきまり …… 124

44	内容項目　C-(12)　規則の尊重
	教材名　図書館はだれのもの …… 126

45	内容項目　C-(13)　公正，公平，社会正義
	教材名　「スイミー作戦」「ガンジー作戦」 …… 128

46	内容項目　C-(17)　伝統と文化の尊重，国や郷土を愛する態度
	教材名　米百俵 …… 130

47	内容項目　C-(18)　国際理解，国際親善
	教材名　青い目の人形 …… 132

48	内容項目　D-(19)　生命の尊さ
	教材名　妹の手紙 …… 134

49	内容項目　D-(22)　よりよく生きる喜び
	教材名　六千人の命のビザ（杉原千畝） …… 136

50	内容項目　D-(22)　よりよく生きる喜び
	教材名　わたしはひろがる …… 138

Chapter 1

「問題解決的な学習」をつくる
発問設計のポイント

道徳科で求められる「問題解決的な学習」

　「特別の教科　道徳」では，**子どもたちが道徳的問題について，主体的に「考え，議論する道徳」**が求められています。こうした「考え，議論する道徳」を代表する問題解決的な学習は，「主体的・対話的で深い学び」に対応した新しいタイプの道徳授業です。なぜ，道徳科でこうした新しい指導法が求められてきたのでしょうか。まず，その時代的・社会的な背景から確認しておきましょう。

　これからの時代は，ますます高度なグローバル化や情報化が進むとともに，急激な少子高齢化や生産年齢人口の減少，AI（人工知能）など科学技術の進展があり，先行きが不透明で，将来の予測が困難になっていきます。また，これからは「人生100年時代」に向かい，人間の生き方の転換（ライフ・シフト）や働き方の転換（ワーク・シフト）も急務となっています。このように社会が大きく変動し，人の価値観や生き方も多様化する時代に子どもたちがよりよく生きるためには，主体的に考え判断する力，他者と協働して問題を解決する力，その判断基準となる人間性・道徳性を育成することが大事になります。より具体的にいえば，**答えが一つではない問題に対して互いに納得できる最善解を導く力，分野横断的な幅広い知識や全体を俯瞰する力，そして習得したことを別の場面にも汎用できる力**が求められてきます。

　そこで，道徳授業でも，従来のように登場人物の心情を理解させ，道徳的価値を教え込み，「内面的資質」を養う指導法だけでなく，実際に道徳的・社会的な諸問題を解決できる「資質・能力（コンピテンシー）」を育成する指導法が必要になりました。そこでは，すでにある答え（道徳的価値）を子どもに教え込む授業ではなく，**道徳的問題を手がかりにして，「自己の生き方」や「人間としての生き方」について主体的に考え，議論する**授業が求められるのです。こうした問題解決的な道徳授業の在り方を，「主体的・対話

的で深い学び」の発問に対応させながら，次項以降で説明してみましょう。

❶ 問題解決的な学習における「主体的な学び」と発問

　道徳科では，教材に登場する人物がもつ道徳的価値を子どもに教え込むのではなく，**子ども自身が登場人物のもつ道徳的問題を主体的に考え，判断する**ことが大事になります。そこでは教材の登場人物がどう感じ，考えたかをただ追認するのではなく，子ども自身が登場人物の道徳的問題を手がかりに自己の生き方や人間としての生き方について考えを深めることが求められます。

　道徳科における「主体的な学び」の視点からは，次のことが求められます。

> 　児童生徒が問題意識を持ち，自己を見つめ，道徳的価値を自分自身との関わりで捉え，自己の生き方について考える学習とすることや，各教科で学んだこと，体験したことから道徳的価値に関して考えたことや感じたことを統合させ，自ら道徳性を養う中で，自らを振り返って成長を実感したり，これからの課題や目標を見付けたりすることができるよう工夫すること

　こうした「主体的な学び」では，まず，**子どもたちが興味・関心のあるテーマを設定し，切実に考えたくなるように道徳的問題を提示**します。それゆえ，「ここでは何が問題になっているか？」「主人公は何に悩んでいるか？」「なぜこの問題が生じたのか？」を把握することが大事になります。

　次に，**道徳的問題を自分自身との関わりで捉え，自己の生き方について考え**られるようにします。例えば，「主人公はどうしたらよいだろう？」「自分ならどうするだろう？」「人間としてどうあるべきだろう？」というように，主体的な立場で考え判断できるようにします。ここでは，傍観者の立場で一

般論を抽象的に述べるのではなく，当事者の立場で責任あることを具体的に提示できるようにします。また，「これまでの経験を生かせないか？」「これからどうなりたいか？」を尋ねることで，自分の過去や将来から俯瞰して考えることもできます。

第三に，**道徳授業での学びを今後の生活や人生全般に活かすようにする**とともに，**次回以降の授業にもつなげて発展的に学習できる**ようにします。例えば，「今日の授業で得られた教訓を今後の生活や学習にどう生かせるだろうか？」を問い，「その経験を通してどのように成長したか」を実感できるようにします。

❷ 問題解決的な学習における「対話的な学び」と発問

道徳科における「対話的な学び」の視点からは，次のことが求められます。

> 子供同士の協働，教員や地域の人との対話，先哲の考え方を手掛かりに考えたり，自分と異なる意見と向かい合い議論すること等を通じ，自分自身の道徳的価値の理解を深めたり広げたりすること

道徳科の問題解決的な学習では，まず，**子ども同士の対話的な学び**を積極的に推奨しています。子どもがペアや4人グループになり，道徳的問題をどうすればよいかを話し合うことで，授業が活発になります。発問でも「友達の意見とどう関連しているか？」「どこが違って，どこが同じか？」など自由で率直に話し合います。子ども一人の主観的な考えが，ペアやグループでの対話を経て客観的になり，学級全体で話し合うことでより普遍的な考えになっていきます。

次に，**教師や地域の人々，保護者との対話**も有意義です。「親の立場ならどうか？」「地域の人に喜ばれるか？」などを尋ね，身近な大人の多様な意見と交流させます。こうした多様な意見や知恵を多方面の大人から提示され

ることで，子どもの視野が広がり深まります。

　第三に，**教材に登場する様々な人物との対話**も有意義です。実際に道徳的問題を抱えている登場人物の立場で考え，「どうしたらよいか？」「自分も主人公のように行動するか？」「なぜ主人公はそうしたのか？」などを尋ねることで，自己の生き方や人間としての生き方について考えを深めることもできます。

　最後に，**自分自身と対話すること**も大切です。「現在の自分」だけでなく，「過去の自分」を振り返ったり，「将来の自分」を見通したりして対話するのです。「これまで自分はどのような生き方をしてきたか？」「これからどのように生きたいか？」「自分が成長するために何が必要か？」について自己内対話をして，自らの生き方を見つめ直していくことができます。

　このように様々な他者と対話し，自他の意見を認め尊重し，豊かな人間関係の中で多面的・多角的に考え，議論することが貴重な道徳的実践となります。

❸ 問題解決的な学習における「深い学び」と発問

　「深い学び」とは，次の通りです。

> 　習得・活用・探究という学びの過程の中で，各教科等の特質に応じた「見方・考え方」を働かせながら，知識を相互に関連付けてより深く理解したり，情報を精査して考えを形成したり，問題を見いだして解決策を考えたり，思いや考えを基に創造したりすることに向かう「深い学び」

　特に，道徳科では，

> 　道徳的諸価値の理解を基に，自己を見つめ，物事を多面的・多角的に考え，自己の生き方について考える学習を通して，様々な場面，状況に

> おいて，道徳的価値を実現するための問題状況を把握し，適切な行為を主体的に選択し，実践できるような資質・能力を育てる学習とすること

が求められます。こうした「深い学び」では，**問題発見的な学習**と**問題解決的な学習**が大事になります。

　まず，**問題発見的な学習**では，**道徳的問題をよく分析して根本的な原因を把握する**ようにします。具体的には，「何が問題になっているか？」「問題の原因は何か？」をしっかり見極める必要があります。

　次に，**問題解決的な学習**では，**子ども自身が道徳的問題をいかに解決すべきかを多面的・多角的に考え，多様な道徳的諸価値と関連づけながら深い学習**にします。そのためには，主人公の立場で「どうしたらよいか？」を問い，子ども自身が主体的に考え，判断できるようにします。その際，「なぜそう思うか？」と尋ね，その理由や根拠を示せるようにします。また，「その結果，どうなるか？」と因果関係を聞いたり，「本当はどうしたいか？」と理想や希望を尋ねたりすることで，様々な解決策の可能性を見いだせるようにしたいところです。

　第三に，**様々な解決策を比較検討しながら，自己の生き方や人間としての生き方を探究**します。ある特定の問題状況についての解決策を提示するだけでなく，自らの生き方全体に関連づけて「自分はどう生きるべきか？」「人間としてどう生きるべきか？」を考えられるようにします。

　こうした道徳科の問題発見的な学習や問題解決的な学習を通して，**子どもたち一人ひとりが，自分自身の見方・考え方をじっくり振り返り，内省を深めるとともに，今後の生き方や指針を，肯定的に展望することができるよう**にすることが大事になります。

〈引用・参考文献〉
・中央教育審議会「幼稚園，小学校，中学校，高等学校及び特別支援学校の学習指導要領等の改善及び必要な方策等について（答申）」

「問題解決的な学習」をつくる発問の在り方

❶ テーマ別の発問

　問題解決的な学習には，多種多様な発問があります。最も主要な発問は，上述したように，**問題の発見を促す発問「何が問題か？」**と**問題の解決を促す発問「どうすればよいか？」**です。

　もちろん，それ以外にも，効果的で有意義な発問は数限りなくあります。例えば，意見の比較を促す発問（違いは何か？），相互に関連づける発問（どのように関連するか？），具体化を促す発問（具体的にいうとどうなるか？），可能性を尋ねる発問（他にやり方はないか？），見通しを立てる発問（それでうまくいくか？），批判を促す発問（課題や欠点はないか？），納得できるものを探す発問（どれが最も納得できるか？）などです。

　こうした問題解決的な学習で活用されるキー発問は，テーマ別に分けると以下の8つになります。こうしたキー発問50にそれぞれ具体例を示しながら説明します。

●問題発見的な発問
●問題解決的な発問
●吟味を促す発問
●批判を促す発問
●創造を促す発問
●汎用を促す発問
●自我関与を促す発問
●価値追求を促す発問

● 問題発見的な発問

　教材を読み，何が道徳的な問題になっているかを正確に把握するための発問です。子どもたちが道徳的な問題状況を具体的に把握することで，その因果関係や葛藤・対立を冷静に分析でき，興味や関心をもって主体的に考え，協働して話し合いたくなります。道徳的問題の種類としては，①道徳的価値が実現されていない状況，②道徳的価値についての理解が不十分または誤解した状況，③道徳的価値を実現しようとする自分とそうできない自分から生じた問題，④複数の道徳的価値の間の対立から生じた問題などがあります。

1　ここで何が問題になっているか？

　何が問題かをストレートに尋ねる発問です。例えば，いじめ問題で「ここでは何が問題になっているか？」を問うことで，被害者，加害者，傍観者などの立場から問題点を見つけ出すことができます。ただし，低学年では「問題」という概念自体が難しかったり，問題をうまく発見できなかったりすることがあるため，以下のようにわかりやすい問いかけをして，より具体的に考えられるようにしてもよいです。

2　登場人物（主人公）は何に悩んで（困って）いるか？

　登場人物（主人公）の立場になって，「何を悩んでいるか？」を尋ねる発問です。登場人物が悩んでいれば，それ自体が問題になります。登場人物の悩みを傍観するのではなく，当事者の立場で切実に考えられるようにします。例えば，「手品師」で「手品師は何に悩んでいるのか？」を問います。他の登場人物（手品師の友人，かわいそうな少年，大劇場の観衆）の悩みを尋ねることもできます。

3　この問題でどんな考えが対立しているか？

　複数の考えが対立している場合に，何と何が対立しているのかを明確にします。例えば，自分のことなら「気ままに行動したい心」と「自らを律する心」が対立することがあります。また，「友達と仲よくしたい心」と「厳しいことを伝えてあげたい心」が対立したり，「正義を貫こうとする心」と「思いやりを大事にしたい心」が対立したりすることがあります。

4　なぜ問題が生じたのか？（問題の原因）

　問題の原因を分析する発問です。例えば，「すれちがい」で「なぜその問題が生じたのか？」を尋ねることで，誤解や曲解が生じた原因を追究できます。こうした問題の原因がわかれば，解決の糸口を適切に見いだすこともできます。

5　自分にも同じような経験がなかったか？（自我関与）

　自分にも同様の問題がなかったかを尋ねる発問です。子どもが自分の経験と物語を重ね合わせることで，親近感がわき，問題状況の理解が深まります。例えば，「忘れ物をして困ったことはなかったか？」「うまく思いを伝えられずに悩んだことはないか？」などを聞きます。また，「二わのことり」なら，「約束がかぶってしまい困ったことはないか？」を聞くこともできます。

6　問題の中に何かよいところはないか？（問題のポジティブな側面）

　一般に問題は困ったものや悪いものと見なされますが，その中にもよいところ（解決のリソース）や改善の余地があります。そこで多面的・多角的に見て問題状況でよいところや改善点を探します。例えば，「（乱暴な）A君によいところがないか？」を尋ね，小さな子に優しくしていたエピソードに注目します。また，けんかの多い2人を「けんかするほど仲がよい」と捉え直すこともできます。

7　新たに何が問題になってくるか？（問題の再発見）

　問題が解決されると，そこから新たな問題が生じてくることがあります。例えば，「友達がいじめられて困っている」という問題に対して，「助けてあげる」という解決策を考えたとします。しかし，その結果「今度は自分がいじめられる」「怖くて何もできない」という新たな問題が見つかります。この問題発見と問題解決を繰り返すことで，より深い学びになっていきます。

●問題解決的な発問

　道徳的な問題を解決するよう促すための発問です。「教材に登場する人物がどうしたらよいか？」「自分ならどうするか？」などを尋ねます。解決策が規範的でネガティブな方に偏ってしまう場合は，「どうすることができるか？」「どうしたいか？」「人間としてどうすべきか？」「尊敬する人ならどうするか？」などバリエ

ーションをつけて聞いてもよいでしょう。

8 登場人物（主人公）はどうしたらよいか？（主体的な判断）

基本的には，読み物教材に登場する人物の立場になって「どうしたらよいか？」を考えます。例えば，教材を途中で中断し，「大勢の難民がビザを求めてやってきたとき，杉原千畝はどうしたらよいか？」を尋ねます。また，一通り読んで結果がわかっている場合は，「どうすればよかったか？」と過去形で尋ねることもできます（例えば，「かぼちゃのつる」で「かぼちゃはどうすればよかったか？」）。

9 自分ならどうするか？ どうしたらよいか？（主体的な判断）

登場人物の立場で考えると，どうしても他人事になりがちなので，子どもたちが自分事として切実に考えられるように「自分が主人公の立場ならどうするか？」を問いかけます。「どうしたらよいか？」と尋ねると，規範的な意見が多く出るため，「どうすることができるか？」といろいろな可能性を尋ねることもできます。

10 実際に起きたらどうするか？ どうしてきたか？

架空のつくり話であれば，子どもたちはそれほど真剣に受け取りません。そこで，「実際に起きたらどうするか？」「これまでどうしてきたか？」と尋ねて，子どもたちが現実的な対応を考え，因果関係を踏まえられるようにします。

11 人間としてどうしたらよいか？（人間としての生き方）

単に「どうするか？」を尋ねるだけだと，多様な意見は出ますが，中には不道徳的な意見も出てきます。そこで，「人間としてどうあるべきか？」を考えると，あるべき姿や態度を考えるようになります。例えば，「弱い者がいじめられているとき，人間としてどうしたらよいか？」を尋ねます。また，田中正造が渡良瀬川の鉱毒で苦悩する場面で，「人間としてどうあるべきか？」を聞くこともできます。

12 本当なら（できれば）どうしたいか？ どうなってほしいか？（希望的な判断）

現実的に考えるだけだと，ネガティブで悲観的な意見しか出ないことがあります。そこで，本心からの願いでは「どうしたいか？」「どうなってほしいか？」を

問いかけ，ポジティブで前向きな考えを見いだします。例えば，「バスの中で」で「困っているおばあさんを見たら，本当ならどうしたいか？」を尋ねます。

13　尊敬する人（偉人・先人）ならどうするだろうか？（模範的な判断）

　道徳的な葛藤状況があるときに，尊敬する偉人・先人であればどう考えるかを考えると，よりよい解決策を考えることができるようになります。普段の自分の考えだけだと利己的で打算的な意見になりがちでも，尊敬する偉人・先人の立場なら，理想的で立派な意見を出しやすいです。例えば，「貧しい病人たちを見て，マザー・テレサならどうするだろう？」と尋ねます。

14　どうしたら道徳的価値を実現できるか？

　「どうしたらよいか？」だけだと，子どもたちの意見が拡散して収拾がつかなくなることがあります。そこで，ねらいとする「道徳的価値を実現するためにどうすればよいか？」を尋ねると，意見を絞りやすくなります。例えば，「このクラスで正義を実現するために，どうすればよいか？」を尋ねます。

15　具体的にどう（行動）すればよいか？（具体性）

　道徳的な問題状況で具体的にどう行動すればよいかを考えます。例えば，「バスの中で席をゆずるとき，具体的にどうすればよいか？」を尋ねます。すると，「席を立って，『よかったらどうぞ』と声をかけてゆずる」などの意見が出ます。

16　望む結果になるためには，どうすればよいか？　どうなってほしいか？

　望む結果を得るために，どのような考えや行為・習慣が必要になるかを考えます。「2人が仲よくなるためにはどうすればよいか？」「後で後悔しないために，どうすればよかったか？」というように具体的な条件をつけて解決策を考えます。

17　どうしたら互いに納得できるか？（納得解）

　一方的で自己中心的な考え方だけでなく，関係する当事者の多様な見方を尊重するために，お互いに心の底から納得できる解決法を問いかけます。例えば，「森の仕立て屋さん」で「お客さんが皆納得できるようにするためには，どうしたらよいか？」を問います。

●吟味を促す発問
　子どもたちが多様な解決策を提示した後に，それら一つひとつを吟味し，よりよいものに練り上げていくための発問です。子どもが道徳的な問題について利己的で一方的な解決策をいうだけでなく，その解決策で皆が納得できるか，最善の解かを吟味する発問が大事になります。

18　現状はどうなっているか？　何が原因か？（状況の把握，現状分析，客観性）

　問題を解決するためには現状（問題状況）を正しく把握する必要があります。例えば，「ペットの命はだれのもの？」で「保健所に引き取られる犬や猫は，年間どのくらいいるか？」「これまでどのような対策が取られてきたか？」を問います。

19　その結果，どうなるか？（因果性）

　子どもたちは様々な解決策を考えますが，それぞれの結果まで考えずに，建前や理想論をいっている場合があります。それぞれの因果関係を理解して，結果の良し悪しから解決策を吟味することも大事です。例えば，「図書館の本」について，「本を勝手に持ち出す人が増えたらどうなるだろうか？」を問います。

20　現実的にそれはできるか？　それで本当にうまくいくか？（実現可能性）

　子どもたちは理想的な解決策を自由に考えますが，それが実現可能かどうかは吟味していないことがあります。そこで，実現可能性を問いかけることで，より現実的かつ具体的に考えられるようにします。例えば，「ぐみの木と小鳥」で「嵐の中を飛んでぐみの実を届けられるだろうか？」と聞きます。また，「みみずくとおつきさま」で「子どももぐらがいたちと戦えるだろうか？」と尋ねます。

21　もし（望ましいことが）できたら，どうなるか？（可能性）

　現実を踏まえネガティブな意見ばかり出ている場合は，理想的でポジティブな意見も考えたいです。たとえ困難な問題でも，もし解決できたらどんなよいことがあるかを考えて，夢や希望を探ります。例えば，黒柳徹子の「父の言葉」で「もし女の子に声をかけられたら，どんないいことがあるかな？」と尋ねます。

22 自分がそうされてもよいか？ 相手の立場でもそれでよいか？（可逆性）

ある解決策が自分に適用されてもよいかを考えます。自分には都合がよくても，相手には悪い場合もあります。例えば，「絵はがきと切手」で「自分が親友（正子）の立場なら，過ち（料金不足）を教えられないままでよいか？」と尋ねます。

23 別の状況（場所，時間）でもそうするか？（普遍性）

前提条件を変えることで，子どもの道徳的判断にゆさぶりをかけ，より普遍性のある判断ができるようにします。例えば，教材「バスの中で」で「高齢者に席を譲るか？」と聞いた後，「自分が疲れていてもそうするか？」などと条件を変えて判断し直します。

24 相手が誰でもそうするか？（普遍性）

自分の判断が誰にでも適用できるかを考える発問で，より普遍的な判断ができているか考えます。例えば，見知らぬ人が道に迷っているが，素知らぬふりをしたとき，「相手が弟・妹でもそうするか？」と聞きます。

25 皆が幸せになるためにはどうすればいいか？（互恵性）

問題を解決する場合，「AかBか」のどちらかの幸せだけ考えるのではなく，「AもBも」幸せになれる方法を考えます。互いに恩恵を与え合い，ともに幸せになれる道を探ります。例えば，「はしの上のおおかみ」で「おおかみもうさぎたちも皆が幸せになるためにはどうすればいいか？」と尋ねます。

26 どうしてそうする（した）のか？（理由・根拠）

ある道徳的判断をする理由や根拠を示します。いじめの場面で「助ける」「助けない」「声をかける」などの意見に対して，「どうしてそうするのか？」を尋ねます。例えば，「どうして被害者を助けようと思ったか？」「なぜ助けないのか？」と尋ねます。責めるような聞き方にならないように留意したいところです。

27 それぞれの考えはどのように関連しているか？

様々な考えを相互に関連づけるための発問です。子どもたちの考えを相互に関連づける場合にも有効です。例えば，「ロバを売りに行く親子」で「親子のとった

３つの考えがどう関連しているか？」「自分は誰の意見に近いか？」と聞きます。

28　それぞれの考え（解決策）の共通（類似）点や相違点は何か？

多様な解決策がある場合，それぞれの類似点や相違点を確認する発問も大事です。例えば，「ロレンゾの友達」で「アンドレ，サバイユ，ニコライに共通した考えは何か？」「３人の意見のどこがどう違っているか？」を聞きます。板書で子どもたち同士の意見を分類する場合も役立つ発問です。

29　どれ（どちら）がよりよいか？（最善解）

複数の解決策を見比べて，どれが最善（あるいは次善）であるかを尋ねる発問です。例えば，「はしの上のおおかみ」では①相手を戻らせる，②自分が戻る，③お互いが通れるように協力する，の３つの中で「どれがよりよいか？」を尋ねます。できるだけ皆が幸せになれる方法を考えます。

30　どれが最も納得できるか？（納得解）

複数の解決策を見比べて，互いに最も納得できる解を見つけ出します。例えば，「アリとキリギリス」で「冬にキリギリスに餌を与えるべきか，与えないか，少しだけ与えるか，などの中でどれが最も納得できるか？」を尋ねます。自分たち独自の意見や経験も踏まえながら比較検討すると，より納得に近づきます。

●批判を促す発問

登場人物（主人公）の解決策をそのまま容認したり共感したりするのではなく，それを批判することも促す発問です。登場人物の言動とは異なる意見があれば，よりよい生き方（解決策）を提案できるようにします。多面的・多角的に見て，解決策の難点や矛盾点を見抜くことも大切になります。

31　本当にそれでいいのか？

解決策の中には一方的で自己中心的な考え方もあります。そこでより普遍的な考えができるように，課題や欠点がないかを尋ねる発問です。例えば，「百点を10回取れば」で「ごまかして百点を取って，おこづかいをもらうことに問題はないか。本当にそれでよいのか？」を問います。

32 その考えは本当に正しいのか？

　子どもが安直に無責任な考えを出した場合，より思慮深いものにするよう再考を促すための発問です。解決策の正当性やその結果をよくよく考えて，本当に正しいかどうかを判断します。「友だち」で「忘れ物が多い友達にいつも何でも貸してあげることは本当に正しいか？」を問います。

33 何が誤りか？　誤りだったか？

　一つの解決策に納得がいかない場合に，「何が気がかりか？」「何が誤りだったか？」を尋ねると，可能性が広がります。例えば，「公園のおにごっこ」で「自分だけ捕まえてもらえず，不満なゆうた（年少で足の悪い子）について考えます。「ゆうたを鬼にすればよいのか？」「鬼を押しつけたままで誤りはないか？」を問います。そして，途中で鬼を交代してあげる配慮が必要なことに気づきます。

●創造を促す発問

　解決策をより多様に創造するための発問です。狭い視野で「あれかこれか」を考えるのではなく，広い視野で全体を俯瞰しながら，いろいろな可能性を考えるよう促すことができます。

34 その考えに課題（改善点，よくなるところ）はないか？

　登場人物の考え（解決策）に課題はないかを尋ねる発問です。例えば，「泣いた赤おに」で「青おにが人間を襲って，赤おにが助けるということに課題はないか？」を問います。暴力では根本的な解決にならないことに気づきます。

35 別の（他に）考えはないか？（別の可能性，3つ以上）

　葛藤状況では二者択一ではなく，第三の解決策を考えることも大事になります。例えば，「手品師」で「大舞台にいくことと少年のところにいくこと以外に，別の考えはないか？」と問い，代替案（折衷案）も考えられるようにします。

36 すでに学んだ知識（や技能）は使えないか？

　現在の問題解決で，過去に学んだ知識や技能が使えないかを尋ねる発問です。例えば，人種差別の問題でそれ以前に習ったキング牧師の考え方を生かせないか

を問います。非暴力で不服従の解決策を考えるきっかけになります。

●汎用を促す発問

　問題の解決策が日常生活や他の教科等でも汎用できないかを考える発問です。道徳授業の中でしか通用しない偏狭な価値観や机上の空論にならないよう，日常生活にも活用・応用できるかを検討することが大事になります。

37　別の場面でも応用できるか？（汎用性）

　教材で学んだことを別の場面にも応用・汎用できないか尋ねる発問です。例えば，「絵はがきと切手」で友情や思いやりの在り方を学んだ後，「友達がうっかり間違いをした場合，どうしてあげられるか？」を尋ねます。

38　日常生活でもこの考えを生かせるか？（汎用性）

　教材で学んだことを子どもたち自身の日常生活にも生かせないかを尋ねる発問です。例えば，「生きた礼儀」を学んだ後で，「相手を思いやる生きた礼儀を日常の生活でも生かせないだろうか？」と尋ねてみます。

39　授業で（今日）の学びを今後の生活にどう生かせるか？（行為の促し）

　授業で学んだことや考えたことを，今後の生活でどう生かせるか考えるよう促す発問です。授業の学びが現実場面に汎用できるかを考えるのです。例えば，「なまけにんじゃ」を学んだ後に，「自分の中の怠け心に負けないようにするためには，どうしたらよいか？」を考えます。

40　授業で（今日）の学びを今後の学習（次回）にどう生かせるか？

　授業での学びが今後の学習にどうつながっていくかを考え，探究的な学習へと発展させる発問です。例えば，ガンジーの物語を学んだ後，「今後の学習にどう生かせるか？」を尋ね，人種差別やインド独立の歴史や，キング牧師との思想的な関連につなげたりします。

41　今後，目標（課題）にしたいことはあるか？（目標・課題の設定）

　道徳授業で学んだことを踏まえ，今後の課題や目標としたいことを考えます。例えば，野口英世から不撓不屈の精神や博愛の精神を学んだ後に，「今後の目標に

したいことはあるか？」と尋ねます。単に私欲のために努力するのではなく，医学者として黄熱病に苦しむ人々を救おうとした英世の精神から，よりよく生きるためにどうしたいかを考えられるようにします。

●自我関与を促す発問

教材に登場する人物が道徳的問題を解決している場合，それに自我を関与させて考えるための発問です。登場人物がなぜそのような言動をとったかを理解することで，自らの生き方を考えることができます。

42 登場人物はなぜそうしたのか？（判断の理由・根拠）

登場人物の言動の理由を考えると，そこに関連する道徳的価値に気づくことができます。例えば，「ふくらんだリュックサック」で「なぜお父さんは他人の捨てたゴミを持ち帰ろうとしたのか？」を尋ねます。すると，そこに公共の場所を大事にしようとする精神があることに気づきます。ただ，この発問は，すでにある答えに誘導する心情理解型の発問に陥りがちなので，注意が必要です。

43 自分なら登場人物のようにしただろうか？（自我関与）

登場人物（主人公）の行動を自分事として考えるために，「自分なら登場人物のようにしたか？」を尋ねる発問です。例えば，「手品師」で「自分が手品師なら，大劇場にいくのを諦めて，約束していた少年のところへいくか？」を尋ねます。ここでは自分事として考えるのが目的であるため，登場人物と同じである必要はありません。むしろ，登場人物と違うことの意味を考えます。

44 登場人物の行動を支えている道徳的価値は何か？

偉人・先人の教材を用いた場合，登場人物の行為の意味を考え，道徳的価値に関連づけます。例えば，「黄熱病を根絶しようと努めた野口英世の行動を支えた価値は何か？」を考え，生命尊重や博愛の精神を考えます。

45 登場人物の言動（判断）をどう思うか？

登場人物の言動や判断をそのまま共感的に理解するだけでなく，批判的に解釈することも可能にする発問です。例えば，「お母さんのせいきゅう書」で「子どもがお母さんに請求書を出したことをどう思うか？」と問い，「自分のことばかり考

えた一方的なやり方だ」と批判的な考えであることにも思いが及ぶようにします。

● **価値追求を促す発問**

　道徳授業で扱う内容項目の道徳的価値を追求するための発問です。これは本来の問題解決学習というよりは，ねらいとする道徳的価値を追求する「課題解決学習」となります。一般的に考えている価値概念と教材に示されている価値概念の違い，登場人物のはじめの段階と終わりの段階で示されている価値概念の違い，子どもたちが考えた導入段階の価値概念と終末段階の価値概念の違いなどを比較してみます。また，日常生活で実感する価値概念，その価値概念が重要である理由などを検討することもできます。

46　道徳的価値（例えば，自由）とは何か？（価値の定義）

　ねらいとする道徳的価値を直接的に問う発問です。導入の段階で，ストレートに「友情とは何か？」を尋ねます。「一緒に遊ぶ」「嫌な思いをさせない」などの意見が出る一方，「相手のためを思い，本当のことをいう」などの意見も出ます。

47　本当の道徳的価値とは何だと思うか？（価値との関連づけ）

　道徳的価値の根本的な意味や意義を考えるためには，「本当の道徳的価値は何か？」を考え，一般的な意味との違いを考えます。例えば，「うばわれた自由」を読んだ後に，終末で「本当の自由とは何だと思うか？」と問い返します。

48　どんなときに道徳的価値（例えば，親切や思いやり）を感じるか？

　ねらいとする道徳的価値を子ども自身のこれまでの経験と関連づけて認識するための発問です。例えば，「どんなときに思いやりを感じるか？」を問うことで，子どもたちが過去の経験を思い出し，経験に基づいて実感できるようにします。

49　なぜ道徳的価値（例えば，礼儀や感謝）は大切なのか？

　道徳的価値の意義を改めて考える発問です。導入などで，日常的な生活を振り返り，「なぜ礼儀は大切なのか？」「なぜ親しい仲にも礼儀が必要なのか？」を考えることができます。また，「森の仕立て屋さん」でウサギが洋服をつくる順番を考える際に，「なぜ公平なことは大事なのだろう？」と問います。

> 50　今日の授業でどのようなこと（何）を学んだ（考えた）か？（振り返り）
> 　子どもたちが授業全体から何を学び，何を教訓として得たのかを振り返り，まとめるよう促す発問です。例えば，「ロバを売りに行く親子」で「今日の授業でどんなこと（教訓）を学んだか？」を問います。また，「すれちがい」で「今日の授業で今後どんなことに気をつけたいと思ったか？」を問います。

❷　学習指導過程に対応した発問50

　次に，上述したテーマごとのキー発問50を学習指導過程（導入，展開，終末）に対応させて並べ替えて提示します。

　以下では，まず，
①主に導入部の発問，
　次に，展開部における，
②主に問題発見の発問
③主に問題解決の発問
④解決策の練り合いを促す発問
⑤解決策の可逆性，普遍性，汎用性を問う発問
⑥登場人物への自我関与の発問
　そして，
⑦主に終末（まとめ）の発問
に分けて提示します。

　ここでは，便宜的に学習指導過程に対応させて並べ替えてあるだけであり，別の個所で使う発問もあれば，重複して用いる発問もあります。それぞれの学習指導過程ですべての発問を使うわけではなく，各授業のそれぞれのタイミングに最も適した発問をいくつか選択して活用・応用することになります。

①主に導入部の発問

5 （授業のテーマに合った簡単な物語を示した後で）自分にも同じような経験がなかったか？（自我関与）

8 （授業のテーマに合った簡単な物語を示した後で）登場人物（主人公）はどうしたらよいか？（主体的な判断）

46 道徳的価値（例えば，自由）とは何か？（価値の定義）

48 どんなときに道徳的価値（例えば，親切や思いやり）を感じるか？

49 なぜ道徳的価値（例えば，礼儀や感謝）は大切なのか？

②主に問題発見の発問

1 ここで何が問題になっているか？

2 登場人物（主人公）は何に悩んで（困って）いるか？

3 この問題でどんな考えが対立しているか？

4 なぜ問題が生じたのか？（問題の原因）

5 自分にも同じような経験がなかったか？（自我関与）

6 問題の中に何かよいところはないか？（問題のポジティブな側面）

7 新たに何が問題になってくるか？（問題の再発見）

③主に問題解決の発問

8 登場人物（主人公）はどうしたらよいか？（主体的な判断）

9 自分ならどうするか？ どうしたらよいか？（主体的な判断）

10 実際に起きたらどうするか？ どうしてきたか？

11 人間としてどうしたらよいか？（人間としての生き方）

12 本当なら（できれば）どうしたいか？ どうなってほしいか？（希望的な判断）

13 尊敬する人（偉人・先人）ならどうするだろうか？（模範的な判断）

14 どうしたら道徳的価値を実現できるか？

15 具体的にどう（行動）すればよいか？（具体性）

16　望む結果になるためには，どうすればよいか？　どうなってほしいか？

17　どうしたら互いに納得できるか？（納得解）

26　どうしてそうする（した）のか？（理由・根拠）

④解決策の練り合いを促す発問

18　現状はどうなっているか？　何が原因か？（状況の把握，現状分析，客観性）

19　その結果，どうなるか？（因果性）

20　現実的にそれはできるか？　それで本当にうまくいくか？（実現可能性）

21　もし（望ましいことが）できたら，どうなるか？（可能性）

27　それぞれの考えはどのように関連しているか？

28　それぞれの考え（解決策）の共通（類似）点や相違点は何か？

29　どれ（どちら）がよりよいか？（最善解）

30　どれが最も納得できるか？（納得解）

31　本当にそれでいいのか？

32　その考えは本当に正しいのか？

33　何が誤りか？　誤りだったか？

34　その考えに課題（改善点，よくなるところ）はないか？

35　別の（他に）考えはないか？（別の可能性，3つ以上）

36　すでに学んだ知識（や技能）は使えないか？

⑤解決策の可逆性，普遍性，汎用性を問う発問

22　自分がそうされてもよいか？　相手の立場でもそれでよいか？（可逆性）

23　別の状況（場所，時間）でもそうするか？（普遍性）

24　相手が誰でもそうするか？（普遍性）

25　皆が幸せになるためにはどうすればいいか？（互恵性）
　37　別の場面でも応用できるか？（汎用性）
　38　日常生活でもこの考えを生かせるか？（汎用性）

⑥登場人物への自我関与の発問
　42　登場人物はなぜそうしたのか？（判断の理由・根拠）
　43　自分なら登場人物のようにしただろうか？（自我関与）
　44　登場人物の行動を支えている道徳的価値は何か？
　45　登場人物の言動（判断）をどう思うか？

⑦主に終末（まとめ）の発問
　39　授業で（今日）の学びを今後の生活にどう生かせるか？（行為の促し）
　40　授業で（今日）の学びを今後の学習（次回）にどう生かせるか？
　41　今後，目標（課題）にしたいことはあるか？（目標・課題の設定）
　47　本当の道徳的価値とは何だと思うか？（価値との関連づけ）
　49　なぜ道徳的価値（例えば，礼儀や感謝）は大切なのか？
　50　今日の授業でどのようなこと（何）を学んだ（考えた）か？（振り返り）

❸ 番外編　通常の授業以外で使う発問

　通常の道徳授業では使わないものの，事後指導あるいは学年や学期の最初や最後の授業に用いると効果的な発問があります。その代表的なものをいくつか紹介します。
　道徳科では学年や学期全体で大くくりに総括的評価を行うため，こうした授業以外の発問も重要になります。

①主に事前指導や「道徳開き」(学期や学年の最初の授業)での発問
A　この授業(学年・学期)でどうなりたいか(何を頑張りたいか)？
　道徳上の目標を子ども自身で設定し，その動機づけを図ります。
　　例えば，子どもたちは「自分の意見を積極的に発表する」「物事を粘り強くやり抜く」「誰にでも公平・公正な態度で接する」と答えます。
B　なりたい自分になるために，どのような道徳的諸価値が必要か？
　　例えば，「チームで何かを成しとげたい」という目標のために，自主・自立，友情・信頼，思いやり，協力などの道徳的価値を自分のテーマとして掲げます。

②主に事後指導での発問
　問題解決的な学習で考えたことを授業後に実践してみて，その感想や成果を子どもたちに尋ねる発問です。
C　どれほど道徳上の目標を達成できたか？
D　実際にやってみてどうだったか？
E　10点満点だと何点か？　1点プラスするためにはどうすればよいか？

③主に学年(学期)最後の道徳授業での発問
　学年や学期の最終授業で尋ねる発問です。その時期全体を振り返り，子どもが自らの道徳的な成長を自己評価するように促します。
　道徳のノートやワークシートをまとめたポートフォリオを見ながら，思考が深まったところや実践につながったところを評価します。子ども同士で相互評価したり，保護者から評価してもらったりすることもできます。
F　自分がこの1年(1学期)で成長したと思うことは何か？
G　来年(来学期)の目標(課題)としたいことはあるか？
H　これからどのようにしていきたいか？

効果的な発問を導くとっておきのしかけ

　道徳科で，問題解決的な学習に挑戦してみたけれど，慣れないうちは「うまくいかなかった」という声を聞くことがあります。効果的な発問を導くためには，それなりのしかけや心構えが大切になります。「どうすれば授業がうまくいくのか？」「どうすればおもしろくてためになる授業になるのか？」について解説します。

❶ 子ども一人ひとりに愛情をもって問いかける

　問題解決的な道徳授業を成功させる第一のポイントは，**教師が子どもたち一人ひとりに尊い人間性，道徳性があることを信じ，愛情をもって問いかける**ことです。いい換えると，子どもたち自身が道徳的問題を主体的に考え判断し，協働的に解決できる資質・能力をもっていると信じて，温かい信頼関係を築きながら対話することです。

　もし教師が子どもたち本来の道徳性を信じず，愛情ももたないままねらいとする価値へと強引に誘導する発問をすれば，子どもたちは冷たく心を閉ざすか，強く反発するでしょう。道徳授業では子どもたちに道徳的価値を教え込もうとするのではなく，子どもたちと一緒に楽しみながら道徳的価値観をつくり上げることが大事なのです。

　子どもたちは人生で最も大事な問い，「いかに生きるべきか？」について自分なりに本心から納得できる答えを見つけたいと思っています。教師は，本書に示すような発問を有効に活用することで，子どもが本当の自己に気づき，様々な他者と交流しながら，人間理解や価値理解を深め，本来の資質・能力としての道徳性を主体的に育めるよう支援するべきなのです。

❷ 問題解決的な学習に適した発問を精選する

　問題解決的な学習には様々な発問が考えられますが，その中でも代表的な発問として，「問題発見的な発問」と「問題解決的な発問」の２つは，**どの授業でもしっかり位置づけておきたい**です。この２つの発問が授業の屋台骨になれば，問題解決的な道徳授業の基本形をブレずに形づくることができます。

　まず，問題を発見する発問では，単に問題状況における登場人物の気持ちを推し量るだけではなく，道徳的諸価値と関連した問題の本質や要所を把握できるようにします。

　ここで問題をネガティブに捉えるのではなく，自分たちをよりよく成長させるものとしてポジティブに捉え直せるようにするのがポイントです。問題を的確に捉え，そこに人生をよりよくする学習課題を見いだせれば，適切な解決策を導き出すことができます。

　次に，この問題を解決することを考えます。ここでは，登場人物の気持ちや考えを追いかけて従属的になるのではなく，子どもたち自身が「登場人物の立場なら，どうするか？」を主体的に考え，判断できるようにします。

　登場人物がすでに模範解答を出しているところで，その心情や言動の意味を理解するだけでは，従属的な自己しか養えません。子どもたちが主体性を発揮して「自己の生き方」を考え，「人間としての生き方」を探究することが大事なのです。

❸ 個人間の競争・論争ではなく，集団の協創・共創を促す

　問題解決的な学習では，**個人で意見を表明するだけでなく，学級全体で話し合い，協働して問題を解決する**ことが大事になります。そのため，子どもたちが多種多様な解決策を提案し合い，比較・検討して絞り込む発問が必要になります。

　ここでは，道徳的な見方・考え方を通して，「自己の生き方」や「人間と

しての生き方」を多様に考えるとともに，互いに納得し合える最善解を絞っていくプロセスが大切です。

道徳科における問題解決的な学習は，道徳授業で誰かと論争して，勝ち負けを争うわけではなく，皆とよりよい生き方を協創・共創することです。それゆえ，ディベートのように2つの陣営に分かれて論争の勝ち負けを決めるような展開にはしない方がよいでしょう。

お互いにアイデアを出し合ってよりよい解決策を探究し合い，他者の感じ方やアイデアから学んだり，自分の意見を提供したりする中で，相互扶助的な精神を養っていくことが肝心です。

❹ 子どもが互いの意見を尊重し合う温かい人間関係をつくる

道徳科の問題解決的な学習は，そこでの話し合い自体が，実は「道徳的実践」になっています。道徳授業の根本理念には，互いに理解し合い，思いやりをもって寛容な精神を養うことがあります。問題解決的な学習を行うことで，**実際に自他を理解し，相互に尊重し合い，思いやれる関係を築くことが**できます。

もし道徳授業で自分の意見を一方的に押しつけたり，他者の意見を非難して傷つけたり，他人の意見に追従するばかりでは，「道徳的実践」をしているとはいえません。せっかく本心から意見をいった場合でも，「それは間違いだよ」「本当にそんなことできるのか？」と非難したり揶揄したりする声で傷つけられれば，子どもの心は閉ざされてしまいます。

授業では，お互いに心と心の交流ができて温かな人間関係がつくれるよう，細心の配慮をするべきです。

❺ 多様に広がった解決策をまとめる

問題解決的な学習の場合，**子どもが多面的・多角的に考えた後の多種多様**

な解決策をどうやって収斂させ，まとめていくかがポイントになります。その意味で，問題解決的な学習は，モラル・ジレンマ授業のように「あれか，これか」の二者択一の話し合いをして，オープン・エンドで終わるようなものではありません。

　パー・チョキ・グー理論でいうと，問題の解決策を自由に考え多様に広げ（パー），それらを道徳的な見方・考え方で比較検討しながら2～3に絞り（チョキ），そして，お互いに納得できる最善解へと練り上げていく（グー）ことが大事なのです。道徳授業をただオープン・エンド（パー）で終えると，無責任な考えや判断が広まって混乱してしまうことがあります。

　このチョキやグーに絞るために，本書で示した「解決策の吟味を促す発問」や「解決策の可逆性，普遍性，汎用性を問う発問」などを有効に利用するのです。問題には様々な当事者・関係者がいるため，それぞれの立場や事情に配慮して総合的に判断できるようにしたいところです。

❻　自分を俯瞰し，本当の自己に気づく発問にする

　道徳授業では，子どもが主体的に考え，議論する中で「本当の自己」に気づき，「自己の生き方」を確立することが大事です。

　ただ，子どもが道徳的問題を考えていると，一方的で利己的な思い込みをしたり，興奮して感情的になったりすることもあります。そうしたときは，子ども自身が自らの心を俯瞰して，「ああ…今，自分は一方的な見方をしているな」「少し感情的になっているな…」と感じ取れるようにするとよいでしょう。このように考え判断する自分を省察し，俯瞰する「もう一人の自己」を設定して，冷静に自分を眺められるようになると，問題を解決しやすくなります。

　子どもたちは問題解決をする際に，過去の経験や目先の損・得や快・不快にとらわれることがあります。そこで，自分の思考や感情を俯瞰し，将来を展望しながら「本当の自分は何を望んでいるのか？」「これからどう生きた

いのか？」を総合的に考えられるようにしたいところです。

❼ ネガティブな自己像からポジティブな自己像にする

　子どもたちに問題の解決を促すと，多種多様な解決策が提示されます。その中には，ネガティブで利己的な考えもいろいろ出てきます。

　例えば，「友達が困っていても助けない」「ごみが落ちていてもひろいたくない」「誰もいなければズルをする」などの意見が出てくることもあります。そのままにしておくと，ただ子どものネガティブな意見や望ましくない価値観をそのまま容認して，不道徳的な結論になることもあるため，教師からの問い返しが必要になります。

　こうしたときは，「本当ならどうしたいだろう？」「皆がそうしたら，どうなるだろう？」「自分が尊敬する人なら，どうするだろう？」など**多面的・多角的に見るための発問を投げかけてみる**と効果的です。

　ネガティブな意見だけが自分の本心ではなく，ポジティブによりよく生きようとする本心も心の奥底にあることに気づけるようにしたいのです。そうした中で，よりよい自己像（セルフイメージ）をつくり上げるとともに，よりよい生き方も見いだせるようになります。

❽ ペアやグループで皆が主役の学習にする

　問題解決的な学習に慣れないうちは，子どもたちの方も問題をどう解決してよいのかわからず，沈黙してしまうことがあります。そこで，ウォーミングアップやブレイン・ストーミングをするために，席の隣同士でペア学習をしたり，4人1組でグループ学習を行ったりして，**子どもたちが自由で率直な意見をいい合える雰囲気をつくる**ことが大事です。

　グループ学習だと，よそゆきの建前的な意見だけでなく，本音や本心を気兼ねなく語ることができます。ここでは，子どもが全員主役になれるアクテ

ィブ・ラーニングとなりやすいです。

　その後で，グループで話し合った内容を基に学級全体の学習に向かうと，多様な意見が出やすくなります。ペアやグループの学習時に子どもたちからどのような意見が出ているかを確認しながら，学級全体の話し合いに結びつけていくようにします。

❾　子どもたちの考えた解決策で役割演技やスキル学習をする

　問題の解決策で，**役割演技やスキル学習などの体験的な学習を取り入れる**ことも有効です。子どもたちが考えた多様な解決策を役割演技で行うことで，その良し悪しを比較検討することができます。

　ここでは，従来の道徳授業のように，登場人物の心情を理解させるために，はじめから答えの決まっている台詞を演技させるのではありません。子どもたちが自由に考えて判断した解決策で，相手と対面しながら即興で役割演技やスキル学習をすることで，様々な解決策の良し悪しが判断できるようになり，より現実的で効果的な道徳的判断ができるようになります。

❿　問題解決的な発問を日常生活や他教科等でも活用する

　問題解決的な発問は，**道徳授業だけでなく，日常の生活場面や他の教科等でも活用・応用**できます。子どもたちが道徳的な問題に出会うたびに，「相手の立場ならどう感じるだろうか？」「その考えを実行したら，どんな結果になるだろう？」などの発問をすることができるようになります。

　日常場面でも，こうした問題解決的な発問は有効活用できることを，子ども自身にも実感されていくと，自分を道徳的にも社会的にも向上させるものとして認識されるようになり，人格形成によい影響を与えます。

Chapter 2

「問題解決的な学習」をつくる
キー発問50

01

低学年

内容項目　A-（2）　正直，誠実

教材名　くまさんのおちゃかい

発問10　実際に起きたらどうするか？　どうしてきたか？

　本教材は，主人公のさるさんが，くまさん主催のお茶会のはりがみを豪華にしてあげようと，ついつい余計な絵をかき加えてしまいますが，そのせいで混乱が起こってしまい，さるさんは，自分がはりがみにかき込んだことを正直にいい出せずにいるという話です。

　低学年において，自分がよいと思った行動が，相手の意と異なり，それが嘘となってトラブルを引き起こすエピソードはよくあります。

　そこで，「実際に起きたらどうするか？　どうしてきたか？」と発問することで，今後このような事態に陥ったときの解決策を考えさせたい（身につけさせたい）ところです。

> 「問題解決的な学習」をつくるキー発問
> 　実際に皆から不満をいわれたらどうしますか？

　お茶会のはりがみを豪華にしようと思ったさるさんには，非はありません。しかし，その行動によって誤解を生じ，くまさんにもお客さんにも迷惑をかけてしまいました。自分のせいで，楽しいはずのお茶会が台無しです。

　こんな大変な状況が，実際に起きたらどうするかを考えさせるための発問です。この発問により，教材の問題が他人事でなくなり，どのように解決すればよいのか，自分のことのように真剣に考え出します。それがこの発問のねらいです。

　今回のようなことが実際に起きたら，素直に非を認め，謝ることが大切です。自分の生活においても起こり得る問題を，嘘やごまかしをしないで明るい心で解決できるかを考えさせたいところです。

実際の授業

教材をすべて読んだ後に，発問をする。

T　実際に皆から不満をいわれたらどうしますか？

C　ごめんなさいって，謝ります。特に，くまさんに。
C　自分がしたことを詫びて，そのわけを話します。
C　自分のせいで，皆を困らせたことを謝ります。
C　悪気があったわけではないので，謝らなくていい。
C　くまさんの気持ちに応えようとしただけなのにね。少しくらいいいよ。
C　でも，やってはいけないことをやったんだから，謝るべきだよ。
C　悲しいけれど，ちゃんと謝って，皆に許してもらった方がいい。
T　同じようなことがあった人はいますか？
C　私も前に似たようなことがあって，責められて泣いたことがあります。
C　僕も小さいとき，ついつい楽しくて家の壁に落書きして，弟のせいにしてお父さんにものすごく怒られたよ。ちゃんと謝ればよかった。
C　悪いことをしても，怒られたくないから，ついついごまかしちゃうけれど，よくないよね。
C　あるある。つい嘘をついちゃうんだよね…。
T　嘘はどうしていけないのかな？
C　ずっとモヤモヤして，暗くなるからダメだと思います。
C　嘘ついても大体バレるし…。バレたときは，ものすごく叱られるよね。
C　皆に迷惑をかけるし，信用されなくなるから。
C　わざとじゃなくても，自分が悪いと思ったときは素直に謝ることが大切だと思う。きっと，皆許してくれると思う。
T　これからの生活に生かせることはありますか？
C　素直に「ごめんなさい」といえるように，いつも正直でいたい。
C　それができると，明るく元気よくすごせそう。
C　同じようなことがあれば，すぐに謝って嫌なことが増えないようにする。

02 低学年

内容項目　A−(2)　正直，誠実

教材名　お月さまとコロ

発問12　本当なら（できれば）どうしたいか？　どうなってほしいか？

　本教材は，「わたしたちの道徳」にも掲載されている定番教材です。主人公のコロは，わがままで友達がいなくなり，最後の友達ギロにも素直になれず関係を悪化させます。コロは，ギロに謝りたいという気持ちはあるものの，悩んでしまいます。そんなコロに，お月さまが自分の顔を見るように声をかけます。自分の顔が暗く沈んでいることを感じ，涙します。そこで，お月さまはコロに笑顔で元気よく歌うようにアドバイスをします。歌ってみるとコロの心は晴れ晴れとし，ギロに謝罪することを決意します。

　「本当なら（できれば）どうしたいか？　どうなってほしいか？」を問うことで，コロの本心を考え，正直に生きていくことのすばらしさを感得させたいところです。

> 「問題解決的な学習」をつくるキー発問
> 　コロは，本当ならどうしたいのだろう？

　この発問のキーセンテンスは，「本当なら」です。コロは，本当ならギロに素直に謝り，正直に明るく生きたい。つまり，今のコロは，本当（本来）の姿ではないのです。だから，自分の顔を見たときに涙するのです。正直になって仲よくしたいのに，なれない自分。こんな苦しいことはありません。そうした問題を理解することも大切ですが，ここでは，その後の解決策に注目してもらいたいところです。お月さまのアドバイスがそれに当たります。

　笑顔になること，歌うこと，そして心を開放すること。ありのままの自分を出すことが素直で明るい心を引き出し，人を正直にさせるのです。そんな生き方ができれば，すばらしい人生を構築することができます。

実際の授業

　教材の前半を読んだ後に，発問をする。
T　コロは，本当ならどうしたいのだろう？
C　本当は，ギロにちゃんと謝りたかった。
C　ギロと一緒に遊びたかった。だって，最後の一人の友達だから。
C　ギロがかわいそう。もう友達がいなくなっちゃう。
T　でも，どうして謝ることができないんだろう？
C　謝りたいけれど，恥ずかしいんだと思う。
C　自分の心に嘘をついているからだと思う。
C　コロも，ちゃんといえずに苦しいのだと思う。
C　嘘をついちゃうと苦しいと思う。だから，どんどん暗い顔になる。
C　それだから，泣いちゃったんだと思う。コロもかわいそう。
　教材をすべて読んだ後に，発問をする。
T　コロは，本当ならどうなりたかったのだろう？
C　ちゃんと謝って，ギロと楽しく遊びたい。
C　お月さまのいう通り，いつも笑顔でいたい。
C　ちゃんと謝った後に，ギロと一緒に歌いたい。
C　意地をはらないで，いつも素直でいたい。
T　もしコロがそうしたら，どうなるだろう？
C　ギロと仲直りできて，笑顔で歌も歌える。
C　毎日を明るく生きられるから，友達がもっと増えると思う。
C　自分に嘘をつかないように生きるから，笑顔になれると思う。
C　きっと，そっちの方が明るくて楽しく生きられます。
C　いつもニコニコ笑顔でいれるって，いいことなのだね。
C　自分も，いつも笑顔でいられるようにしたいね。
C　自分に嘘をつかないで，素直に生きていきたい。
C　素直になると明るく元気にすごせるから，素直って大切だと思った。

03 低学年

内容項目　A−(3)　節度，節制

教材名　教えていいのかな

発問7　新たに何が問題になってくるか？

　本教材は，情報モラルの教材です。電話の言葉づかいがよいお母さんのまねをした主人公のぼくは，糸電話で遊んでいると先生に褒められます。そんなある日，留守番をしているときに他の友達の電話番号が知りたいという電話がかかってきます。教えようか迷っていたらお母さんが帰ってきて，情報漏洩は起きなかったという話です。

　情報モラルの教材だけに，次から次へと問題が現れてきます。まず，留守番をしているときに電話に出るか。次に，相手の巧みな誘導にだまされないで断れるか。そして，情報をしっかりと守ることができるかです。このような問題を気づかせるために，ここでは「新たに何が問題になってくるか？」と発問します。問題の発見と解決を繰り返すことで，学びが深まります。

> 「問題解決的な学習」をつくるキー発問
> 　ここで新たに何が問題になってきますか？

　この発問により，情報モラル特有の重複する問題についてすっきりと順序立てて考えることができます。ここでは，留守番時の電話の対応も問題ですが，新たに情報漏洩という問題が重なってきます。このような発問によって，幾重にも絡み合った複雑な問題もすっきりさせて解決させることができます。

　そして，大切な情報を守るためにできることを考えさせることが重要です。そのときに大切になる心構えは，自分を正しい方向へコントロールする節制です。また，こんな大切な情報を教えてはいけないという節度も大切です。そのような力を育めば，現実生活でもより安全な生活をすごすことができるようになります。

実際の授業

　教材の前半（留守番中に電話に出たところ）を読んで発問をする。
T　ここで何が問題になっていますか？
C　一人で留守番をしているとき，勝手に電話に出たこと。
C　糸電話で練習したように，大人のように話せばいいよ。
C　糸電話と本当の電話は違うから，勝手に出てはいけないと思う。
C　後でお母さんに代わればいいから，大丈夫だよ。
C　知り合いの人かもしれないから，電話に出てみたらいいと思います。
　教材の続き（友達の電話番号を聞かれるところ）を読む。
T　ここで新たに何が問題になってきますか？
C　他の友達の電話番号を教えるかどうかが問題になってきた。
C　人の電話番号を勝手に教えてはいけないと思うよ。
C　電話番号を教えてあげるのも，親切なんじゃないかな。
C　もし教えたら，もっと問題になるよ。
C　個人情報を勝手に教えてはいけないと習ったことがあります。
T　自分だったらどうしますか？
C　自分だったら，すぐに電話を切るかな。できるかわからないけれど。
C　自分だったら，一人のときは電話をとらないという約束をするかな。
C　それが一番いいかも。電話だけじゃなくてインターホンもそうだよね。
　教材を最後（お母さんが帰ってきて，未然に事件を防ぐ）まで読む。
T　この話でどのようなことを考えましたか？
C　お母さんが帰ってきたからよかったけれど，こわい問題だよね。
C　この前同じようなことがあって，お姉ちゃんがいて助けてもらえたよ。
C　自分で気をつけて，安全に生活しないといけないと思う。
C　一人でいるときは，電話になるべく出ない方がいいよね。
C　特に，人の電話番号とか，教えちゃダメだよね。
C　安全なくらしは，自分でつくっていかないといけないと思いました。

04 低学年

内容項目　A－(3)　節度，節制

教材名　かぼちゃのつる

発問9　自分ならどうするか？　どうしたらよいか？

　本教材は，定番といわれる有名な教材です。かぼちゃが自分のつるを自由に伸ばし，いろいろな人に迷惑をかけます。最後は自動車につるを切られ，泣いてしまう話です。

　かぼちゃの失敗談から学べることは様々ありますが，一番に考えたいことは，やりすぎないことです。そのために，自分をどのようにコントロールするかを考えさせたいのです。自分の畑の中で自由に伸び伸びと過ごすことはよいことですが，自分の畑から出て他人に迷惑をかけたり，危険なことをしたりすれば，それはよくないことになります。その点を「自分ならどうするか？」を考えさせることは，節度，節制を考えるうえで意義深いです。

> 「問題解決的な学習」をつくるキー発問
> 　自分がかぼちゃならどうしますか？

　「自分ならどうするか？」を問うことは，「問題解決的な学習」をつくる発問として大きなキーとなります。特に，かぼちゃがつるを伸ばすという失敗から学び，自分にどう生かすのか問いかけるのです。そこを考えさせることで，節度，節制という内容項目についての理解を深めることができます。

　そこで，「自分がかぼちゃならどうしますか？」と発問し，よくない結末にならないための方策を話し合います。畑の中なら，節度のある姿であり，節制されていることになります。しかし，畑から飛び出し，つるを伸ばしたいだけ伸ばす姿は，節度がありません。いわゆる「やりすぎ」です。そうならないために，自分をどううまくコントロールすればよいかを考え，また，実際にそうすることのできない弱さにも向き合えるようにしたいところです。

実際の授業

　　教材をすべて読んだ後に，発問をする。
T　ここでかぼちゃの困ったところは何ですか？
C　皆に迷惑をかけたこと。
C　わがままをして，痛い思いをしたこと。
C　つるが切れただけでよかった。かぼちゃは別のつるもあるし…。
C　自由につるを伸ばしてはいけないと思います。
T　自由にすることはいけないことですか？
C　皆に迷惑をかけたら，いけない。
C　自分の畑で自由につるを伸ばせばいいのに。
C　嫌な思いをする人が多くなると，いけない。
C　勝手なことをすると，皆が楽しい生活ができない。
T　**自分がかぼちゃならどうしますか？**
C　かぼちゃみたいに，つるを伸ばしてはいけない。
C　自分の畑からつるを出さなければいい。
C　皆が注意したのに聞かないからこうなったので，皆の話を聞く。
C　皆が困らないようにしたい。
C　自分の畑の中で，伸び伸びと暮らす。
C　他の人に迷惑をかけないようにつるを伸ばす。
T　これから，どんなことに気をつけて生活していきたいですか？
C　皆の注意をちゃんと聞くことが必要だと思います。
C　ダメなことはダメだと，自分で考えることが必要。
C　やっていいことと悪いことをしっかり区別することです。
C　自分で自分を抑えることは大切だと思う。
C　やりすぎないように，自分をコントロールする力が必要だと思います。
C　自分の中で，「やりすぎないように」と自分に聞くことも必要だと思う。
C　ところどころ，自分を確認できる力があるとよいと思います。

05 低学年
内容項目　B−(6)　親切，思いやり

教材名　はしの上のおおかみ

発問25　皆が幸せになるためにはどうすればいいか？

　本教材は，親切，思いやりをテーマにすることが多いですが，単に親切にすればいいという話ではありません。

　この話で道徳的問題になっているのは，一方通行の一本橋で自他の欲求や権利をどう調整するかです。おおかみには自分が先に渡りたいという自己中心性があり，うさぎたち（弱者）との問題を力関係で強引に解決する傲慢さや冷酷さがあります。それに対して，くまには自他の幸福を考える思慮深さや思いやりがあります。

　おおかみのように力関係で自己の欲求だけを優先し，遊び半分で弱者を追い返すやり方には問題があります。それでは，おおかみだけがよい思いをして，うさぎたちが不快な思いをするからです。おおかみのようないばって追い返す方法よりも，くまの相手を持ち上げ反対側に渡す方法の方が，皆が幸せになり，喜びも大きいところに注目したいものです。

> 「問題解決的な学習」をつくるキー発問
> 　皆が幸せになるためにはどうすればいいのだろう？

　「どうしたらいいだろう？」というだけでは，「いばって追い返す」とか，「自分が戻る」などの意見も出てきます。自分のことだけ，または相手のことだけを考えるのではなく，皆が一緒に幸せになれる方法を考えることが大事になります。そこで，問題を解決する際に，「皆が幸せになるためにはどうしたらよいか？」を尋ねています。ここで子どもたちは自己中心的な考え方から抜け出し，他者の立場から考え，さらにくまの解決策に学んで，皆が幸せになれる方法に思いが至るようになります。

実際の授業

教材をすべて読んだ後,おおかみがうさぎに戻るようにいった場面を見る。
T ここで困ったことは何かな(問題を発見する)？
C おおかみが意地悪なこと。
C 一本橋で一人ずつしか渡れないこと。
T どうしたらいいだろう？　その理由も話してください。
C 1案　**うさぎに戻れという**：おおかみは強いから。
　　　　おおかみは楽しいけど,うさぎたちは嫌な気持ちになる。
C 2案　**自分が戻ってあげる**：相手に悪いから。
　　　　うさぎたちは嬉しいけれど,おおかみは損した気分になる。
C 3案　**お互い渡るのをやめる**：二人は同時に渡れないから。
　　　　おおかみもうさぎも残念で嫌な気持ちになる。
C 4案　くまさんみたいに持ち上げて反対側に渡してあげたらいい。
T いろいろ出てきたけど,一番いいのはどれかな？
　皆が幸せになるためにはどうすればいいのだろう？
C 4案がいいよ。皆が喜ぶもの。おおかみもうさぎたちも戻らずに済むから,喜ぶと思う。
C おおかみは強いからうさぎたちに「戻れ」といってもいいよ。
T 自分がうさぎでも,そういわれてもいいですか(可逆性を尋ねる)？
C 嫌だ。やっぱり,皆が喜ぶやり方がいい。
T 今度は,うさぎ,おおかみ,くまのお面をつけて,演じてみましょう。うさぎ役,おおかみ役,くま役の役をしてどんな気持ちでしたか？
C おおかみ役でいばっているときは気分よかったけど,うさぎ役のときは嫌だった。
C くま役は相手からも喜んでもらえるからよかった。
T これからは,人に接するとき,どうしたいと思いますか？
C 相手の気持ちを考えて,親切にしてあげたい。

06 低学年

内容項目 B-(6) 親切, 思いやり

教材名　ぐみの木と小鳥

発問42　登場人物はなぜそうしたのか？

　本教材は，体調を崩したりすさんをぐみの木が心配し，小鳥に頼んでぐみの実を届けてもらうという心温まる話です。

　ただし，嵐の中でもぐみの実を届けようとする小鳥の行動には，賛否両論あるでしょう。そこまでして行動しようとする小鳥の心意気と，その結果どうなるかも合わせて考えさせたいところです。そもそも，小鳥がぐみの実を届けるという行為は，どうして生まれたのでしょうか。なぜ小鳥は危険を顧みずに行動しようとしたのでしょうか。それは，正しい行為なのでしょうか。ぐみの木の思いを胸に，りすのためにぐみの実を懸命に運ぶ小鳥の行動の是非を考えることが，親切，思いやりの意味を考えることにもつながります。

> 「問題解決的な学習」をつくるキー発問
> 　小鳥は，嵐の中でも，なぜぐみの実を届けたのでしょう？

　この発問は，問題解決的な学習というよりは，登場人物への自我関与を促すものであるため，扱い方を間違えると，従来通りの心情理解に偏った授業に戻ってしまいます。小鳥の行動の意味・理由を考え，その是非を考えることが問題解決的な学習につながっていきます。

　ただ，充実した授業にするためには，小鳥がどうして嵐の中でもぐみの実を届けようとしたのかを深く理解しておいた方がよいでしょう。そもそも，嵐の中で小鳥がぐみの実を届けに行く行為は，思いやりから生じたとはいえ，非常に危険であり，褒められることではありません。子どもが真似しないように，「他のやり方もなかったか？」「その結果どうなるか？」も考えることで，より適切な道徳的判断ができるようになります。

実際の授業

　教材の前半を読んだ後に，発問をする。
T　嵐の中で，小鳥さんはどうしたらいいだろう？
C　ぐみの木さんの代わりに，ぐみの実を持っていってあげたい。
C　りすさんが大変だから，すぐ届けてあげたい。
T　でも，嵐の中，小鳥さんが飛んでいったら，危なくない？
C　でも，りすさんが病気だから仕方ない。
C　僕しかいけないので，何とかしていく。
　教材の後半を読んだ後に，発問をする。
T　**小鳥は，嵐の中でも，なぜぐみの実を届けたのでしょう？**
C　ぐみの木さんの思いを，りすさんに届けようと思ったから。
C　きっと，りすさんは，さみしいだろうと思ったから。
C　ぐみの木さんも，りすさんのことを心配していると思ったから。
C　りすさんのことが心配で心配で，何とかしたいと思っていたから。
C　ぐみの木さんも自分と同じで，りすさんのことをすごく心配しているだろうと考えたから。
T　嵐の中で小鳥さんがいくのは危なくないかな？　自分ならいくかな？
C　ぐみの木さんやりすさんのことを考えると，いてもたってもいられなくなります。嵐でもきっと大丈夫です。
C　危ないから，私ならいかないと思います。お母さんからも，外が嵐のときは，出歩くなと言われています。
C　じっとしていらないよ。誰が何といっても絶対，いくよ。僕も大雨の中，おばあちゃんのお見舞いにいったことがあります。
T　自分も相手も大事にできるやり方はないかな？
C　嵐が少しやんでからいけばいいと思います。すぐいくと，小鳥さんの命が危ないからです。
C　小鳥さんの命も，りすさんの命も救えたらいいと思います。

07 低学年
内容項目　B－(7)　感謝

教材名　ありがとうはだれがいう？

発問23　別の状況（場所，時間）でもそうするか？

「ありがとう」という言葉は，子どもたちにも定着している代表的な言葉です。その言葉は，自分でも想像がつかないような別の状況でも使われることがあります。特に生活経験が身近なことから広がっていく低学年においては，その言葉が様々な状況（場所，時間）でいわれることを学ぶことが意義深いです。また，その言葉にある感謝の心について考えることで，家族をはじめ，日頃から多くの人に支えられていることを考えさせたいところです。

> 「問題解決的な学習」をつくるキー発問
> 　別の場所でも，そうしますか？

　本教材では，まず，生活科のお店屋さんごっこでの学習で，お客とお店屋さんの関係について学びます。そこでは，様々な注文に応対することに精一杯で，「ありがとう」という気持ちは生まれませんでした。次に，別の状況（おばあちゃんがお店の人にお礼をいう場面）を見て，ありがとうは，お店の人がいうものではないかと疑問を投げかけます。おばあちゃんは，店員さんにお世話になったからと答えます。最後に，また別の状況（バスの運転手さんへお礼をいう場面）では，自分から「ありがとう」をいい，運転手さんもお礼を返してくれます。そこでとてもよい気持ちになります。

　生活科の学習でお礼がいえなかった場面，買い物でおばあちゃんがお礼をいう場面，バスの中でお礼をいい合う場面，それぞれの場面において，お礼をいうことは，やはりよいことだということに気づかせたいところです。それでよいかと聞かれたら，それでよいのです。お客さんであろうと，乗客であろうと，お礼は人間社会をよりよくする言葉だからです。

実際の授業

　教材をすべて読んだ後に，発問をする。
T　どうしてお礼（ありがとう）をいうのだろうね？
C　お世話になったから，ありがとうといいたいのだと思う。
C　お互いにお礼をいえば，とても気持ちよいから。
C　どんなことでもお世話になったらお礼をいうことが当たり前だと思う。
T　自分がお客さんの立場でも，お礼をいうべきなのかな？
C　お客さんのときは，「ありがとう」といってもらう方だと思う。
C　お金を受け取る方が「ありがとう」といえばいい。
C　自分がお客さんかどうかは関係ない。お世話になったと思ったら，お礼をいった方がいいと思う。
C　お互いに「ありがとう」といい合った方がいい。
T　どうしてそう思うの？
C　お客さんもお店の人にお世話になっているから，お礼をいった方がいい。
C　お互いに「ありがとう」といえると，気持ちいいから。
T　**別の場所でも，そうしますか？**
C　どこでも「ありがとう」といい合えた方がいい。
C　どんな小さなことでもしてもらったら，「ありがとう」といいたい。
C　どんな場所でもお世話になったら，お互いにいい合うと気持ちいい。
C　「ありがとう」ってすごい力をもっていると思う。
T　えっ，どんな力？
C　皆を笑顔にする力があると思う。
C　お互いの心をつなぐ力があると思う。
C　「ありがとう」っていわれるだけで，心が温かくなる。
C　この前，隣の子が鉛筆をひろってくれて，「ありがとう」といったら，「どういたしまして」っていわれて嬉しかった。
C　お互いにありがとうっていう心をもてたら，皆仲よくなれると思う。

08

低学年

内容項目　B-(9)　友情，信頼

教材名　二わのことり

発問5　自分にも同じような経験がなかったか？

　本教材は，みそさざいとやまがらの友情を描いた心温まる話です。みそさざいは，誕生日のやまがらかうぐいすのどちらの家にいくか悩みます。やまがらの家は山奥のさびしいところにある一方，うぐいすの家は梅林の明るいところにあります。みそさざいは他の鳥と同じように，いったんうぐいすの家にいきますが，やまがらのことが気になり，やまがらのもとへ飛んでいきます。やまがらは涙を浮かべて喜び，みそさざいも来てよかったと思います。

　友達づくりにおいて，同じような経験はきっとありますし，低学年の子どもだからこそ，そのような経験を率直に想起することができます。そうすることで，「本当の友情とは何か？」を考えることができます。

> 「問題解決的な学習」をつくるキー発問
> 　自分にもこの話と同じようなことがありませんでしたか？

　低学年での友達関係のトラブルは，友達をとった，とられたが多いです。「あの子と遊ぶ約束をしていたのに別の子と遊んだ」といっては，怒ったり泣いたりしています。そして，みそさざいのような経験をするときもあれば，やまがらのようになるときもあります。

　ここで大切にしたいことは，子どもたち自身が経験したことを生かし，「何が大切か？」を見いだすことです。ここでは，友達とはどのような存在かということです。みそさざいとやまがらは，間違いなく友達でありますが，うぐいすの家にいった他の鳥との違いは何でしょうか。経験を基に，それについて考えてもらいたいところです。他の鳥にはないものが，みそさざいにはあります。それは自分の心にもあることを，実感できる発問にします。

実際の授業

教材をすべて読んだ後に，発問をする。
- T 自分にもこの話と同じようなことがありませんでしたか？
- C あるある。「公園で遊ぼう」って約束していたのに，皆友達の家にいっていた。僕はずっと一人で待っていて，寂しかったな。
- C 僕もあるよ。なかなか友達ができなくて，一人でいたんだ。そのとき，Aくんが「皆一緒に，ボールで遊ぼう」と誘ってくれました。
- C やまがらの気持ちが私にはよくわかるから，みそさざいのやったことはよかったと思います。
- T みそさざいは，他の小鳥と何が違うのだろう？
- C 他の小鳥は，華やかなうぐいすのところにいって楽しんだけれど，みそさざいは，やまがらのことを友達として本気で考えてあげたところ。
- C やまがらとみそさざいが本当の友達だから，他の鳥と違いが出たと思う。
- C 友達のことを真剣に考えたところが，みそさざいは偉い。
- C たくさんの友達がいる楽しいところにいきたいけど，友達のことを考えれば考えるほど，そちらへいかなくてはいけないと思う。
- T やまがらには喜んでもらえたけど，他の鳥たちから嫌がられないかな？
- C 他の鳥たちが探したんじゃないかな。
- C みそさざいが裏切ったと思うかもしれない。仲間外れにされるかも。
- C 他の鳥たちにも，わけを話せばわかってもらえると思う。
- T この場合，どうしたらよかったかな？
- C 「練習が終わったら，やまがらの家にいくよ」と皆に伝えておけばいい。
- C 他の鳥たちと一緒にやまがらの家にいけば，もっと喜ばれたかも。
- C 黙ってうぐいすの家からいなくなると心配されるから，何かいってから一人でもやまがらの家にいけばいいよ。
- C 私もそうしようとして，できなかったことがあるよ。
- C やまがらのために途中で抜けた気持ちは，皆にもわかってもらえるよ。

09

低学年

内容項目　B－(9)　友情，信頼

教材名　泣いた赤おに

発問17　どうしたら互いに納得できるか？

　本教材は，定番教材であり，子どもたちの心にグッとくる教材です。感受性の強い学級においては，読んだだけで涙する子もいます。それほどに力のある教材です。この教材で考えさせたい最大のポイントは，赤おにの涙の意味です。

　人間の友達をほしがっていた赤おにに，悪役を買って出る青おに。2人は，人間から信頼されるような芝居をうち，その計画通り，赤おには見事に人間の友達を得ることができます。しかし，その日以来，青おにとは二度と会えなくなってしまうという話です。

　とても感動的な話ではありますが，赤おにも青おにも互いに納得できていません。それは，2人が本当の友達だからです。「どうすればよかったのだろう？」と，ついつい考えてしまいます。

> **「問題解決的な学習」をつくるキー発問**
> 　どうしたらおにも人も互いに納得できるかな？

　この発問は，独りよがりの一方的な解決策ではなく，お互いに納得できるような解決策を求める発問です。従来だと，赤おにの涙の意味を考えさせて終わりになりがちですが，それでは何の解決にもなりません。そこで，問題解決的な学習では，当事者皆が納得できる解決策を考えます。

　そのためにまず，「赤おには，どうして泣いたのだろう？」と問うた後に，「それで互いに納得ができるか？」「赤おにが泣かずに済むためには，どうしたらよかっただろう？」を問いかけます。そうすることで，おに同士の友情の在り方，そしておにと人間のつき合い方を深く考えることができます。

実際の授業

　教材をすべて読んだ後に，発問をする。
T　赤おには，どうして泣いたのだろう？
C　もう青おにに会えないからじゃないかな。
C　青おにがいなくなって，友情の大切さに気がついたから。
C　自分が人間と仲よくなるために，親友の青おにを失ってしまい，悲しいんだと思う。
T　人間と友達になれたから，悲しくないのではないかな？
C　それは違う。青おには，赤おににとってすごい友達だったから。
C　赤おにと青おには，本当の友達だったから。だから，赤おには泣いた。
C　本当の友達がいなくなったから，本当に悲しくなって泣いた。
C　きっと青おにも泣いたんだと思う。
T　赤おにが泣かずに済むためには，どうしたらいいだろうか？
C　青おには，赤おににきちんと話をして旅立つべきだったと思う。
C　青おにも赤おにも人間も，皆仲よくする方法を考えればよかった。
C　でも，人間に暴力をふるった青おには，もうここにはいられないよ。
T　**どうしたらおにも人も互いに納得できるかな？**
C　やっぱり，おにが人間と友達になれるようにすればよかった。
C　もっと話し合うべきだったと思います。青おには，もう二度と会えなくなることを赤おにに伝えるべきだった。かっこよすぎ。
C　赤おにも，自分の行動をもっと考えないといけない。青おにを暴力で追い払うようなやり方では，誰も幸せになれない。
C　赤おには，青おにや別のおにたちと別の場所で仲よく暮らすこともできたと思う。無理に人間と仲良くならなくてもよかったのに。
C　それでは，いつまでたってもおにと人間が憎み合って仲よくなれないよ。
C　おにも人間も理解し合い，ともに生きられる社会をつくることが大事。
C　そうなれたら，赤おにも青おにも泣かずに済んだかもしれないね。

10 低学年

内容項目　B－(9)　友情，信頼

教材名　およげないりすさん

発問26　どうしてそうする（した）のか？

　本教材は，「わたしたちの道徳」にも掲載されている定番教材です。ある島に遊びにいく約束をするあひるさんとかめさんと白鳥さん。そこにりすさんが遊びに来ましたが，りすさんだけは泳げないので，遊べないという問題が生じます。そのため，りすさん以外で遊びにいきますが，なぜか楽しくありません。やっぱりりすさんと遊びたいと思い，島へ渡る知恵を出し，かめさんがりすさんを背に乗せて島へ連れていきます。

　ここで，子どもたちに聞きたくなるのは，「どうしてそうしたのか？」です。つまり，どうしてりすさんを島へ連れていこうと思ったのかです。それこそ，これまで積み重ねたりすさんとの信頼，そして友情なのです。りすさんを島へ連れていくという行為の意味を「どうしてそうしたのか？」という発問で深めていきたいところです。

> **「問題解決的な学習」をつくるキー発問**
> どうしてかめさんは，りすさんを連れていったのだろう？

　問題解決的な学習は，行為の意味を問うことで解決の糸口をつかむことができます。ここでは，皆がりすさんと一緒に遊びたいと思う心について考えさせたいので，「どうしてそうする（した）のか？」を問います。りすさんと他の動物たちとの関係性を考えなければならないでしょう。今までずっと一緒にいたし，いつも遊んでいたはずです。それが時の流れとともに信頼を積み重ね，友情を構築しています。このような心の営みが，泳げないりすさんを島へ連れていくという行動を支えています。つまり，行動の意味を問題として問いかけたとき，友情，信頼の本当の意味が理解できるのです。

実際の授業

　教材をすべて読んだ後に，りすさんを島へ連れていく場面を見る。
- T　どうしてかめさんは，りすさんを連れていったのだろう？
- C　りすさんがかわいそうだから，島に連れていこうと思った。
- C　りすさんが困っているから，助けたいと思った。
- C　りすさんと何とか一緒に遊びたいと思った。
- C　りすさんと遊ばないと楽しくないと思ったから。
- T　どうして？　楽しくないの？
- C　だって，皆で遊んだ方が楽しいから。
- C　りすさんと友達だから，一緒に遊びたいと思う。
- C　友達が困っていることを知っていると楽しくない。
- C　友達が皆そろわないと楽しくない。
- T　りすさんと他の動物とは，友達なの？
- C　友達に決まっている。だから，悩んでいるんだもの。
- C　友達だから，困っていたら助けようとする。
- C　友達だから，一緒にいたいと思う。
- T　どんな友達なの？
- C　いつも一緒にいたいと思う友達。だから，離れたくないと思う。
- C　今までずっと一緒にいたから，いないと寂しいと思う。
- C　本当の友達だと思う。
- C　そうそう，ずっと一緒にいて，とても仲がいい友達。
- C　いつも一緒だから，心の中にいつもいるんだと思う。
- T　皆はどんな友達をつくりたいかな？
- C　りすさんやかめさんたちのようにお互いに優しくできる友達がいい。
- C　どんなときも裏切らない本当の友達をつくりたい。
- C　困ったときや助けてほしいときに，何かしてあげるのが友達だよね。
- C　自分もたくさんの本当の友達をつくりたい。

11 低学年

内容項目　B－(9)　友情，信頼

教材名　モムンとヘーテ

発問28　それぞれの考え（解決策）の共通（類似）点や相違点は何か？

　本教材は，小人の友達の話です。ある日，栗の実を見つけた２人は，協力して実を取り出します。その実をヘーテが独り占めし，モムンは何もいわずに栗の皮をもらいます。ヘーテは友達だから自分勝手に振る舞いますが，モムンは友達だからこそ相手にゆずります。ここに２人の相違点が見られます。

　次の日大雨が降り，モムンは栗の皮を船にして避難してきます。ヘーテは泳いで同じ場所に避難してきます。水位が増してさらなる避難を余儀なくされると，ヘーテはモムンに謝罪し，皮の船に乗って１人で逃げるよう促します。モムンは一緒に逃げることを提案し，そして２つの皮の船で脱出します。ここで，２人はお互いを思いやる友情の類似点が見られます。

　このように類似点や相違点を考えることで，友情をより深く理解できます。

> **「問題解決的な学習」をつくるキー発問**
> 　モムンとヘーテの違いは何かな？　同じところは何かな？

　この話における前半の相違点は，友達だから自分勝手が許されると思うところとそれに不満をいわないところです。後半の類似点は，友達だからこそ相手のために何かをしたいと願うところです。前半で，栗の実を独り占めするヘーテは，友達をいいように利用しますが，モムンはそんな友達を寛容に見守ります。後半の大雨の避難時に，ヘーテはモムンに謝罪し，１人で逃げるように促します。モムンはそんなヘーテを思いやり，一緒に逃げるよう提案します。そこには，互いに信頼し合い友情を高める姿が見られます。

　このように２人の考えを比較したり，前半と後半の考えを比較したりすることで，友情，信頼の在り方について理解を深めることができます。

実際の授業

　栗の実を分け合う前半部を読んだ後に，発問をする。
- T　モムンとヘーテの違いは何かな？
- C　一緒に栗の実を取り出したのに，ヘーテが独り占めしていること。モムンは黙っていう通りにしている。
- C　モムンは優しいけど，ヘーテはひどい。そこが違う。
- C　ヘーテは自分勝手でわがまま。モムンは人のいいなりでおとなしい。
- C　モムンは，どうしてヘーテを怒らないのかな？
- C　モムンは友達思いなんだと思う。ヘーテは，友達をバカにしている。
- C　2人の友達関係はおかしい。ヘーテは信用できない。

　一緒に栗の皮に乗って避難する後半部を読んだ後に，発問をする。
- T　モムンとヘーテはどうすればよかったのかな？
- C　かけがいのない友達だから，いつも仲よくした方がいい。
- C　モムンはヘーテを置いて，自分だけ逃げることもできたんじゃないかな。
- C　1人で生きのびてもつまらないよ。意地悪な友達でもね。
- C　助けてあげたら，ヘーテも変わると思うよ。
- T　モムンとヘーテが同じところは何かな？
- C　ヘーテは友達が大事であることに気づいた。モムンも友達を許している。
- C　2人はもともと仲良しで，けんかもするけど本当は仲がいいんだと思う。
- C　お互いを仲間として大事にしている。どちらも優しい。
- C　けんかと仲直りを繰り返して，お互いを信じることができると思う。
- C　お互いを信じているところは，2人の同じところ。
- T　今日の授業から考えたことはありますか？
- C　友達がいるからこそ楽しく生きていける。友達の悪いところだけでなく，いいところを見つけていきたい。
- C　心が近づいていくと仲よしになれる。けんかをしても，仲直りしたい。
- C　1人じゃ生きていけないから，助け合うことが大事だと思います。

12 低学年

内容項目　C−(10)　規則の尊重

教材名　きいろいベンチ

発問4　なぜ問題が生じたのか？

　本教材は、「わたしたちの道徳」にも掲載されている定番教材です。主人公の2人の男の子（たかしとてつお）が、公園のベンチに土足で上がり、紙飛行機を飛ばします。その後、何も知らない女の子がそのベンチに座り、スカートが汚れてしまうという話です。

　この教材の問題点は、ベンチに土足で上がったために女の子のスカートが汚れたことです。どうしてそんなことになってしまったのか（なぜその問題が生じたのか）をしっかり考えることで、きまりを守る意味や皆の使う場所やものを進んで大切にしようとする公共の精神を養うことができます。

> 「問題解決的な学習」をつくるキー発問
> 　なぜその問題が起きたのでしょうか？

　ベンチが汚れていたことにより、女の子のスカートが泥だらけになったことが問題です。では、なぜその問題が生じたのでしょうか。それは、たかしとてつおが、紙飛行機を飛ばすためにベンチの上に土足で乗り、泥だらけにしたからです。では、その問題はなぜ起きたのでしょうか。それは、2人が紙飛行機を飛ばすことに夢中になって、ベンチが公共（皆）のものであることを忘れてしまったからです。皆で使うものは、大切にしなければなりません。当たり前のことですが、遊びに夢中になっていた2人は、それに気づかないで自分勝手な行動をとってしまったのです。

　このように考えると、「なぜ問題が生じたのか？」という発問で、公共の場では、どのような心得が大切になるのかという本質的な問題を考えさせることができます。

実際の授業

教材をすべて読んだ後に，発問をする。

T ここでは何が問題になっていますか？
C 女の子のスカートが泥だらけになったこと。
C たかしくんとてつおくんが，靴でベンチに乗って汚したこと。
T **なぜその問題が起きたのでしょうか？**
C 紙飛行機を飛ばすことに夢中だったから。
C 楽しくて，ベンチが皆のものって気づけなかった。
T それがどうしていけないのかな？
C ベンチは，自分たちのものじゃないから。皆のものだから。
C 皆のものは，大切にしないといけない。
C 公園は，皆が楽しくすごすところだから。
C 自分だけ楽しければいいわけではない。それでは自分勝手でわがままだ。
C ベンチもそうだし，ブランコもそうだけど，公園は皆のものだから。
C 公園を使う約束（きまり）がある。
C 皆のものは大切に使うという約束（きまり）もあるよ。
C 約束（きまり）は守らないと，女の子みたいに悲しむ人が出てくる。
C 皆が楽しくにすごすために，約束は必要だと思う。
C 守らないといけない約束があって，それを皆が守るから，皆が安心して楽しくすごせる。
T それでは，2人はどうすればよかったでしょう？
C ベンチに乗る前に，それがよいことかよくないことか考えた方がいい。
C 靴をぬいでベンチに乗って紙飛行機を飛ばせばよかった。
C ベンチが皆のものだと，2人のどちらかが気がつければよかった。
C 公園での約束をしっかり考えて（守って），遊べるとよかった。
C 皆のものは，大切に使おうという約束（きまり）は守りたい。
C 泥だらけになった女の子に，すぐに謝りにいくべきだと思う。

13 低学年

内容項目　C−(11)　公正，公平，社会正義

教材名　たっくんもいっしょに

発問24　相手が誰でもそうするか？

　本教材は，低学年におけるいじめの教材です。いじめといっても，低学年なので「仲間外れ」というありふれた問題を取り扱っています。

　折り紙遊びが，ブームになっている学級があります。そこへ，折り紙の苦手なたっくんが仲間に入れてほしいというのですが，折り紙に限りがあり，下手くそである理由から，仲間外れを受けます。たっくんは，泣きながら教室を飛び出します。他の皆はしばらくそのままにしますが，いたたまれなくなったみかさんがこれでいいのかと問いかけます。それを聞いたかっくんが，たっくんを追いかけ，一緒に折り紙をしようと声をかけます。

　みかさんやかっくんと他の子との違いを考え，かっくんの行動とその心の動きについて理解を深めたいです。

> 「問題解決的な学習」をつくるキー発問
> 　相手が誰でもそうしますか？

　この発問そのものが，公正，公平，社会正義を実現する姿を求める発問です。いじめ問題（仲間外れ問題）などの根深い問題には特に有効です。今回の話では，たっくんだから問題が起き，みかさんやかっくんがいたから解決できたのでしょうか。それは違います。この教材を通して，仲間外れ（いじめ）を防止するための差別や偏見のない生き方を学ぶ必要があるのです。

　相手が強いか弱いか，身近か疎遠かにかかわらず，一人ひとりが正しいことを胸をはって考え，実行できるようにしたいです。このように考えると，「相手が誰でもそうするか？」という発問で，公共の場ではどのような心得が大切になるのかという本質的な問題を考えさせることができます。

実際の授業

　教材をすべて読んだ後に，発問をする。
T　どうして，かっくんは，たっくんを追いかけたのかな？
C　みかさんにいわれて，大事なことに気がついたんだと思う。
C　たっくんがかわいそうに思えたんだと思う。
C　仲間外れをしてはいけないと思ったんだと思う。
T　どうして，仲間外れはいけないの？
C　すごく悲しいから。
C　心が傷ついちゃうから。
C　いじめになるから。絶対にやっちゃダメ。
T　折り紙が下手だから，しょうがないんじゃないかな？
C　それは，違う。下手でも一緒にやるのが仲間だと思う。
C　仲間外れをするぐらいなら，折り紙なんかしない方がいい。
C　別の遊びをやるべきだし，下手だったら，教えてあげればいい。
C　とにかく，一緒に遊ばないとダメだよ。一人ぼっちにはしない。
T　**相手が誰でもそうしますか？**
C　相手が誰であれ，仲間外れはよくない。
C　どんな子でも仲間外れはしちゃいけないよ。
C　自分がされたくないことは，人にもしたらいけない。
C　１人の子に皆でいろいろいうのはよくない。
C　いい言葉ならいってもいいけど，悪い言葉をいったらいけない。
C　どんな子でも助けたいと思う。
C　仲間外れをすると，皆が暗くなるから，誰にでも優しくした方がいい。
T　今日の授業でどのようなことを考えましたか？
C　相手に関係なく悪いことは悪いと思い，かっくんみたいに行動したい。
C　みかさんみたいに，ちゃんと正しいことをいえる子になりたい。
C　相手が誰でも，正しいことは正しいと思って動けるようにする。

14 低学年

内容項目　C-(12)　勤労，公共の精神

教材名　わたしたちもしごとをしたい

発問38　日常生活でもこの考えを生かせるか？

　本教材は，隣の町が地震となり，たくさんの人が救助にいったため，働く人が少なくなり，子どものぽんたくんたちが，自ら働き出すという話です。そして，その働きぶりに町長さんからごほうびをもらいます。その後，ぽんたくんたちは，ごほうびがなくても，またこうした仕事を続けたいといい出します。

　ここでは，働くことのよさを知り，どうして皆のために働きたいと思うのかが大切であり，その考えが日常生活に生かせるようにしたいところです。

> 「問題解決的な学習」をつくるキー発問
> 　普段の生活でも，働くことのよさを生かせそうですか？

　この発問は，この教材で学んだことを子どもたちの日常生活につなげる発問です。この教材でいえば，働くことのよさを日常生活につなげて活用することになります。

　働くことのよさは，経済的，文化的，生産的な側面など様々あります。低学年の場合，「皆のために働ける」という人間的な成長を素直に喜び，もっと働きたいという意欲につなげることが重要です。そのような働くことのよさを理解していれば，日常生活において，自ら進んで働く姿へ生かせるはずです。

　低学年においても，学校生活では，当番活動や係活動で働く場がたくさんあります。家庭においても，お手伝いなど働く場はあります。そのような場において，進んで働く子どもの姿を見たいものです。働くことの意義を学ぶ意味でも，この発問はとても有効です。

実際の授業

　教材をすべて読んだ後に，発問をして吹き出しに書かせる。
T　この話のように，隣の町で地震があったら，皆ならどうしますか？
C　僕たちも町の仕事で手伝えることをします。
C　隣の町に食べ物や必要なものを運んであげたらいいと思います。
C　危なくないかな。自分の町で留守の手伝いをした方がいいと思う。
C　いろいろやれば，たくさんごほうびをもらえるかもしれないからね。
T　どうしてぽんたくんたちは，ごほうびがなくても仕事を続けたいといったのでしょう？
C　もっと皆の役に立ちたいと思ったから。
C　皆が喜んでくれるから，仕事がとても楽しくなった。
C　自分たちから働くことを決めたので，もっとやりたくなった。
C　仕事をすると，皆が笑顔になるから。それがごほうびだと思います。
T　仕事にはどんないいところがあると思いますか？
C　自分から進んで働くと，たくさんの人から喜んでもらえることです。
C　仕事をすると，褒められるし，ごほうびももらえることです。
C　誰かのために役立てると，やってよかったなと思えます。
C　働くって，誰かを喜ばせることで，自分も成長できることだと思います。
T　普段の生活でも，働くことのよさを生かせそうですか？
C　生かせます。掃除のとき，ピカピカに床をふいて，皆からありがとうといわれるようにします。私はぞうきんで床をふくのが得意だから。
C　帰りの会に皆で歌を歌い，楽しい気分で帰れるようにしています。
C　給食当番で，牛乳を早く配っておかずの配膳も手伝うようにしています。他の当番の子たちに喜んでもらえると嬉しいから。
C　家でも，洗濯物を取り込むお手伝いをしています。お母さんがほめてくれるのもありますが，私も家の役になっていることが嬉しいからです。
C　僕はいつもお風呂掃除をしています。弟と一緒に掃除しています。

15 低学年

内容項目　C-(15)　伝統と文化の尊重，国や郷土を愛する態度

教材名　ぼくのまちも，ひかってる！

発問37　別の場面でも応用できるか？

　本教材は，主人公のしゅんくんが，夏休みに親戚のゆうくんの家に遊びにいったときのエピソードです。そこで200年続くお祭りに飛び入り参加し，その町のすばらしさを実感します。それを羨ましがっていると，しゅんくんの町にもきっといいところがあるとゆうくんに提案されます。そして，自分の町に帰ったら，いろいろと調べてみようという意欲をもちます。

　夏休みなどの長期休暇で訪れる町には，郷土のよさがあふれていることに気づきます。それは，特別な場所であることを意識してその町を知ろうとするからです。普段自分が住んでいる町にも多くのよさがあることを見つけてみよう，探してみようとする心の営みが「別の場面でも応用できるか？」です。

> **「問題解決的な学習」をつくるキー発問**
> 　自分の町でも，キラリと光るものは見つけられるかな？

　この発問における別の場面というのは，ここではしゅんくんの町，つまり，自分の町のことです。そして，ここでの応用とは，自分の町でもよさを見つけたり探したりできるかです。

　学習者の立場で応用を考えるなら，自分の町にもキラリと光るもの（よさ）がないか探し，見つけ出すことで，自分の町に誇りをもち，自分の町をもっと好きになるということです。

　このような伝統と文化を尊重し，自分の町のすばらしさを理解する心を低学年のうちに育んでおけば，大人になっても自分の町（郷土）に愛着をもち続け，それぞれの地域を支える原動力となります。

実際の授業

教材をすべて読んだ後に，発問をする。

T ゆうくんの町で，しゅんくんは何を見つけたのでしょうか？
C 静かな町で，空気もおいしいことです。
C 200年続くお祭りに出られたことです。
C ちゃんと願いが込められたお祭りがあって羨ましいと思った。
C 自分の町にお祭りがあって，楽しめることがすてきだと思います。
T **自分の町でも，キラリと光るものは見つけられるかな？**
C きっとあると思います。お家の人にも聞いて，調べてみたいです。
C 自分たちの町の好きなところも見つけたいね。
C そういえば，春になると公園で桜まつりがあるよね。たくさんの人が来るから，自慢の桜だよね。
C 来年の桜まつりでは，川に船を出すらしいよ。
C 川から桜を見ると，とってもきれいなんだって。
C やっぱり，僕たちの町は，桜まつりが有名だからね。
T 他にもキラリと光るものがありますか？
C そういえば，中央公園の石は，昔のお城の跡らしいよ。
C へー。そうなんだ。だから，石がごろごろ転がっているんだ。
C 幼稚園のときから，よくかくれんぼしたよね。あの公園大好き。
C 町を探せば，もっといろんな発見ができるような気がします。盆踊りや収穫祭も伝統があるって聞いたことがあります。
T 今日の授業を振り返り，どんなことを考えましたか？
C ゆうくんやしゅんくんの町に負けないくらい，私たちの町にもいいところがたくさんあると思います。いろいろ見つけてみたいと思いました。
C 生活科でも，町たんけんするから，そこで見つけるのが楽しみです。
C よく考えると，自分たちの町にもキラリと光るいいものがたくさんあることを思い出しました。いろいろノートにまとめて発表したいです。

16

低学年

内容項目　D－(18)　自然愛護

教材名　虫が大すき（アンリ・ファーブル）

発問13　尊敬する人（偉人・先人）ならどうするだろうか？

　アンリ・ファーブルは，誰もが知っている生物学者であり，偉人です。それはなぜでしょうか。彼の偉大さは，主著『ファーブル昆虫記』に見られるように，昆虫への飽くなき探究心から生じています。昆虫を愛護する姿は，まさにその一端だと考えられます。なぜファーブルはあのような偉人になったのでしょうか。その理由を，ファーブルの生き方から私たちは学ぶことができます。自分が成長するためには，「尊敬する人（偉人・先人）ならどうするか？」を折にふれ発問することが大事になります。

> **「問題解決的な学習」をつくるキー発問**
> 　ファーブルなら，この後どうするだろう？

　人は好きなことを見つければ，それに何時間でも割いて没頭します。ファーブルにとってそれが昆虫の観察です。彼の研究の原点は，昆虫への強い愛着です。彼はとことん昆虫を観察し，研究を深めていく。進めれば進めるほどにその奥深さを感じ，それがさらなる楽しさを生み出します。そして，その楽しさが再び昆虫への愛情につながっていきます。

　では，私たちはファーブルの生き方から何を学ぶのでしょうか。それは，自然愛護の精神です。昆虫が大好きなファーブルは，昆虫を決して蔑ろにはしません。捕獲した昆虫でも，観察が終われば，優しい言葉をかけて自然に帰していたのです。このような昆虫への愛護の姿を学ぶと，自分も自然の中に生かされ，共生している生き物が多くいることを自覚することができるようになります。偉人ならどうするかという発問から，それを導き出すことができます。

実際の授業

教材の前半で，虫を捕まえたところまで読み，発問をする。

T ファーブルなら，この後どうするだろう？
C 虫かごに入れる。ずっと大切に飼うと思います。
C 標本にする。ガラスのついた箱に入れて，名前も書いておく。
C 私，それ見たことあります。昆虫館で見ました。
C でも，それ死んだ虫だよね。虫を殺しちゃうの。
C 観察や調べるためには，仕方のないことだと思う。
C でも，たくさんの虫を死なせることになっちゃうよ。
C 逃がしてあげた方がいいよ。
T もし自分が虫だったら，どうしてほしいだろうね…。
C 助けてほしい。そもそも，捕まえないでほしいな。
C でもファーブルは『昆虫記』を書いたほどだから，逃がさないよ。
C 虫が大好きなんだよね。でも，捕まえた虫はどうしていたんだろう？

教材の後半を読んだ後に，発問をする。

T 実際のファーブルは，どうしましたか？
C 捕まえた虫に優しい言葉をかけて，自然に帰していた。すごい。
C いろいろなことを虫が教えてくれたなんて…。
C 虫への感謝がすごいと思う。本当に虫が好きじゃないとできない。
C 虫が好きだからこそ，逃がすのだと思います。
C 虫からいろいろ教えてもらってきた。虫のすばらしさやすごさを感じているから，大切にしようと思っているのだと思います。
T これからどのようにしたいですか？
C 自分も虫が好きだけど，虫かごに入れて死なせてしまったことがあった。これからはファーブルのようにもっと虫を大切にしようと思います。
C 虫だけではなく，今，育てている野菜やアサガオも大切にしたいです。
C 今度，公園にいったら，すべての生き物を大切にしよう。

17 　教材名　よわむし太郎

中学年
内容項目　A-(1)　善悪の判断，自律，自由と責任

発問27　それぞれの考えはどのように関連しているか？

　本教材は，「わたしたちの道徳」にも掲載されている教材です。この教材では，「よわむし太郎」と呼ばれている太郎が，子どもたちが大切にしている鳥をとの様から守るために立ちはだかります。との様はそんな太郎の姿を見て，弓を下して城へ帰っていきます。子どもたちはその日以来，誰も太郎のことを「よわむし太郎」と呼ばなくなったという話です。

　「よわむし太郎」を中心に，子どもたちやとの様の考えを関連させることで，正しいと判断したことを堂々と行うことのすばらしさを理解させます。

> 「問題解決的な学習」をつくるキー発問
> 　子どもたちと太郎の考えはどのように関連していますか？

　それぞれの考えを整理してみましょう。まず，「よわむし太郎」は，子どもたちが大切にしている鳥を守ることを正しいと判断しました。次に，子どもたちは，との様の弓に鳥も太郎も仕とめられないかと心配していました。最後に，との様は，鳥を仕とめようとするものの，太郎にとめられて判断に迷いますが，子どもたちへの思いや勇気を考慮し，弓を下すことを正しいと判断しました。との様が，考えを変えてしまうほどの太郎の姿は，それぞれの考えが関連した結果であることを考えたいところです。

　そもそも，太郎が正しいと判断する基準は，子どもたちへの優しさであり，それが鳥を必ず守るのだという自信につながっています。そして，そのような太郎の姿をとの様が感じ取り，との様なりに正しいと判断したのです。それぞれの考えが関連することで，正しい判断における自信のある姿は構築されたことを考えさせたいものです。

実際の授業

教材をすべて読んだ後に，発問をする。

- T　との様が鳥を弓で仕とめようとするとき，どうしたらよかっただろう？
- C　相手はとの様だから，逆らえないと思います。
- C　太郎は，とにかく鳥を守りたかったんだと思う。子どもたちが優しく世話をしている鳥だから。
- C　弓が飛んできても，守るべきものがある決意をしていた。
- C　子どもたちを悲しませたくないという太郎の優しさがあったと思う。
- T　**子どもたちと太郎の考えはどのように関連していますか？**
- C　子どもたちも鳥を守りたいけれど，太郎のようにとの様には逆らえない。
- C　子どもたちも太郎と同じ気持ちだけど，何もできないで困っている。
- C　子どもたちは太郎を「よわむし」と呼んでいたけれど，本当に「よわむし」だったのは子どもたちの方だ。太郎は本当の勇気があったと思う。
- T　**太郎ととの様の考えはどう関連していますか？**
- C　鳥を仕とめようとするけど，太郎にダメだといわれ，もっといらいらしたと思う。でも，との様も「どうしてダメなのか」を少し考えたと思う。
- C　太郎は強い子だと思う。普通なら，との様に罰せられておしまいだもの。
- C　との様は太郎が本当に強い子か試しているのだと思います。
- C　との様は絶対に鳥を守って見せるという太郎の勇気に感心した。
- T　**子どもたちと太郎の関わりはどう変わりましたか？**
- C　はじめ，子どもたちは太郎をバカにしていたけど，最後は尊敬している。
- C　よわむし太郎は，「よわむし」なんかじゃなかった。
- C　「よわむし」ではなく，優しさあふれるすごい人だと思う。
- C　その優しさが，勇気になり，強さになっているのだと思う。
- T　**今日の授業で何を学びましたか？**
- C　「よわむし太郎」のように，誰かのために優しく強くなりたい。
- C　正しいことを判断し，勇気をもってやることが，とてもすてきなこと。

18 中学年
内容項目　A−（2）　正直，誠実

教材名　まどガラスと魚

発問2　登場人物（主人公）は何に悩んで（困って）いるか？

　本教材も定番です。主人公が，ある家の窓ガラスにボールを投げて割ってしまいます。その家に自分が割ったと正直にいえないことに大いに悩む話です。よくありそうな話ですが，悩みは深いです。ガラス窓の貼り紙や，ご近所のお姉さんが飼い猫が魚をとったことを謝罪にくる姿などを見て，主人公は自分の悩みを解消しようと行動に移します。お母さんと一緒にお詫びにいくと，おじいさんが温かい言葉をかけてくれます。

　黙っていた方が得をしそうですが，結果的にはモヤモヤした気持ちが続いてどんどん辛くなってきます。正直，誠実に生きることの意義を考えられるように主人公が悩んでいる問題状況をじっくり理解できるようにしたいです。

> **「問題解決的な学習」をつくるキー発問**
> 　ここで主人公は，何に悩んでいるのかな？

　この発問の答えは，意外と簡単です。窓ガラスを割ったことを正直にいうか，いわないかです。ここで大切なことは，「正直にいえない自分」と「正直にいおうとする自分」がいて，どうすればよいかゆれ動いていることを理解することです。中学年の子にとって，素直に謝ることに抵抗が出てくるギャングエイジの時期でもあるので，どうすべきか熟慮させたい悩みです。

　人は誰しも失敗をするし，迷惑もかけます。その失敗や迷惑について謝罪できずにいると，ガラスを割った後の主人公のように暗い気持ちでネガティブにすごすようになります。それに対して，「ごめんなさい」と素直に謝ることができれば，すっきりした気持ちでポジティブに生きることができます。2つの解決策を見比べ，この悩みをどう解決すべきか考えることが大事です。

実際の授業

　教材の前半（窓ガラスを割って悩む場面）を読んだ後に，発問をする。
T　ここで主人公は，何に悩んでいるのかな？
C　ガラスを割ったことをいうか，いわないでおくか。
C　黙っていてモヤモヤしたままでいるか，素直に謝ってスッキリするか。
C　ガラスを割ったら，なかなかいい出せないと思う。
C　だって，叱られるもん。お母さんにも，おじいさんにも…。
T　どうしたらいいかな？　そのわけも教えてください。
C　主人公はすぐ謝った方がいいと思う。貼り紙が心に突き刺さるから。
C　それもあるけど，お姉さんが謝っているから，見習いたい。
C　よくないことをしたら，ちゃんと謝った方がかっこいいよ。
C　確かに。お姉さんはすごいよね。だって，猫がやったことだよ。
C　猫のことでも飼い主として，ちゃんと謝ろうとしているからすごいね。
C　主人公と逆だね。主人公は悪いことをして逃げ出して，悩んでいるから。
C　でも，その気持ちわかるな。僕も似たようなことあったから。
C　お母さんにも怒られるし，ガラス代も弁償することになるからね。
T　正直に謝れたら，どんな気持ちになるかな？
C　正直に謝れると，気分が晴れてスッキリすると思う。
C　意外におじいさんからも気持ちよく許してもらえるかもしれない。
T　正直に謝れなかったら，どんな気持ちになるかな？
C　いつまでもモヤモヤを引きずる。自分に嫌気がさす。
C　暗い気持ちでその後ずっとすごすことになると思う。
C　嫌な気持ちを引きずるより，早く謝って気持ちよくすごした方がいい。
　教材の後半を読んで，実際に謝りにいく主人公の行動を確認する。
C　正直にするって，簡単そうで難しいけど，必ずスッキリするね。
C　たとえ辛くても，ちゃんと正直に生きた方が楽になれると思います。
C　普段の生活でも，正直でいると明るく生きていけそうだよね。

19

中学年
内容項目　A−(3)　節度，節制

教材名　太郎のいどう教室

発問16　望む結果になるためには，どうすればよいか？　どうなってほしいか？

　本教材は，片づけの苦手な主人公の太郎が，家の中を移動する話です。ある日，太郎の宿題のプリントが見つからないことがありました。もやもやしたまま学校にいき，帰ってくると机の上にそのプリントが置いてありました。一緒に探してくれなかったことを嘆くと，お父さんにそれは違うと指導されます。その声かけをきっかけに，自分の部屋を整理し，いどう教室といわれない決意をします。お母さんの励ましを受け，1週間がすぎようとしています。

　さて，1週間後は，どのようになればよいのでしょうか。望む結果は，もちろん整理整頓された太郎の部屋です。そのために，節度，節制について深く考えさせるようにしたいところです。

> **「問題解決的な学習」をつくるキー発問**
> こうした整理整頓された部屋になるためには，どうすればよいでしょうか？

　ここでいう望む結果とは，整理整頓された太郎の部屋が1週間後もキープされていることです。そのために，どうすればよいかを考えさせる必要があります。まず，片づけが苦手だった太郎と整理整頓した太郎の姿を比較し，何が太郎を変えたのか考えさせたいところです。はじめの太郎は，人まかせで整理整頓ができませんでしたが，後の太郎は，整理整頓を自分で自主的にやるようになりました。どちらの方が気持ちよく生活できるかをよく比べて考えたいところです。こうした比較が望む結果をつくり出すヒントとなり，節度ある生活をしようとする意欲にもつながってくるのです。

実際の授業

教材をすべて読んだ後に，この話の続きを書き，発表させる。

T　太郎のいどう教室は，1週間がすぎてどうなっただろう？
C　もうすっかりなくなって，とてもきれいになっていると思います。
C　危ないときもありましたが，自分で片づけることができています。
C　自分で整理整頓のタイミングを考えて，きれいな部屋を保つことができました。
C　自分のできることをしっかりと考えて，繰り返し整理整頓をして，1週間ピカピカにできました。
C　一人で片づけられるようになって，お母さんたちに頼らなくてもよくなりました。
T　はじめの片づけしない太郎と，整理整頓できる太郎の違いは何かな？
C　片づけられない太郎はいつも嫌々ながら整理していたけど，後の太郎は自分から片づけようとしています。
C　はじめの太郎は少しくらい汚くてもいいやと思っています。後の太郎はきちんと整理整頓して気持ちよくすごしたいと思っています。
T　こうした**整理整頓された部屋になるためには，どうすればよいでしょうか？**
C　いつもきちんと整理整頓しようと意識することが大切だと思う。
C　人任せにならないで，自分のことは自分でやる力をつけることが大事。
C　人に頼らずに，自分一人でやりきるようにする。
C　人に迷惑をかけずに，自分の力で生活する。
C　自分のことは自分でやる力が大切。自立するってことかな。
C　自分でできることは，自分から進んでやれるようにしたい。
C　自分を高めようと，自分をコントロールする力が大切だと思う。
C　失敗しても繰り返しチャレンジして，自分を高めていこうとする気持ちをもち続ける。

20 中学年

内容項目　A−(3)　節度，節制

教材名　ロバを売りに行く親子

発問33　何が誤りか？　誤りだったか？

　本教材は，イソップ寓話であり，教材としては教訓的なニュアンスが強く，決してよい話ではありません。子どもたちと教材を読んだだけで，「他にいい方法なかったのかな？」とついついいってしまうほどです。

　親子が町までロバを売りに行くのですが，その道のりにおいて，出会う人のいうことばかりを聞き，最後にはロバを川に落としてしまうという失敗談です。この教材の問題は，人の助言を聞きすぎているところにあります。人の助言を聞くこと自体はよいことですが，聞きすぎると右往左往することになります。そうした度を越している部分をどうコントロールするかが，ここで考えさせたい最大のポイントです。

> 「問題解決的な学習」をつくるキー発問
> 　この話で親子の何が誤りだったのだろう？

　この教材では解決策がいろいろ考えられます。行く先々で助言を受けるわけですが，①「親子がロバを引いて歩く」②「子がロバに乗っていく」③「親がロバに乗っていく」④「親子でロバに乗っていく」⑤「ロバを親子で担いでいく」などがあります。この中でどれがよいかというよりも，このように行く先々で助言された通りに動いてしまう親子に問題があります。

　そこで，根本的に「何が誤りだったか？」を批判的に捉えるところから始めたいです。その後で，「それではどうすればよかったか？」を問いかければ，適切な解決策を考えられるでしょう。それぞれの方法を見比べて，どれが当事者たちにとってよりよいかを議論します。その方法を実現するために必要な道徳的価値を考えると，節度，節制の在り方も深く考えられます。

実際の授業

教材をすべて読んだ後に,発問をする。

T この話で親子の何が誤りだったのだろう?
C 親子がいろんな人のいいなりになっているところ。どうして何でもいうことを聞いたんだろう。
C 最後にロバを担いでいくなんて,おかしすぎる。
C 後先を考えて行動したらよかった。もうロバを売ることもできない。
T 自分なら,どうすればよかったと思いますか?
C ロバは売り物なので,人は乗っちゃいけないと思う。
C いや,親ぐらいは乗ってもいいと思う。子は若いから乗らない。
C ロバを売りに行くのに,親子でいく必要がない。親だけでいけばいい。
C ロバを歩かせて連れていくけれど,順番に疲れたら乗ればいい。
C 半分まで親,半分まで子をロバに乗せればいい。
C はじめは乗らず,次に子が乗り,後で親が乗ると決めておけばよかった。
T どれが一番いいかな? 皆が幸せになれる考えは,どれ?
C やっぱり,そのときそのときで疲れた人が乗ればいい。人が元気なら,ロバのことを考えて乗らなくてもいい。そのときの様子で変えればいい。
C だから,親か子が乗るときもあるし,誰も乗らないときもある。
C 僕もそれがベストだと思う。親子が一緒に乗るのはダメだよね。
T この話からどんなことを学びましたか?
C 人の話を聞きすぎちゃいけないということ。「ほどほど」が大切。
C 聞きすぎちゃうから,ロバが川に落ちてしまったんだ。危ないよ。
C 自分の考えをしっかりもつことが大切だと思う。
C ちゃんと自分の考えがないと,人の意見に左右されるからダメ。
C 自分の考えをもって行動すれば,人に何をいわれても大丈夫だと思う。
C 人のアドバイスを聞くのはいいけど,それで自分の考えを簡単に変えるのはよくない。その場その場で節度をもって行動した方がいいと思う。

21 中学年
内容項目　A−(4)　個性の伸長

教材名　わたしのゆめ

発問41　今後，目標（課題）にしたいことはあるか？

　本教材は，七夕の短冊づくりが舞台です。七夕の短冊に自分の夢を書く主人公のゆう子は，絵が上手という個性を生かして画家になりたいという夢をもっています。ある日展覧会にいき，本物の画家に出会うゆう子。アトリエにも連れていってもらい夢が膨らみますが，画家になるまでの修行のことや苦労，努力などを目の当たりにします。帰り道，お母さんが得意なことがあってもそのままではダメとゆう子に声をかけます。その言葉に，絶対画家になると夢へ向かって一歩前進する話です。

　中学年になれば，得意なことが現れてくる時期でもあります。そして，将来の夢も大きく膨らんでいくときでもあります。このような時期に，自分の個性について理解し，それをそのままにせずに，さらに磨き伸ばしていこうとすることは，とても意義深いです。

> 「問題解決的な学習」をつくるキー発問
> 　今日の学習を踏まえて今後の目標（課題）にしたいことはありますか？

　この発問は，この教材で学んだことを今後の生活目標につなげる発問です。人には良し悪しはあれ，必ず個性があります。よいものは目標を定め，伸ばし，課題は明確にして修正しなければなりません。それが個性の伸長といえます。この教材を通して，自分のよさをしっかりと把握し，日々磨いていくことで，自分らしく生きていくこと（自分らしい画家になること）ができることを学ばせたいところです。イチローのような野球選手を目指すけれど，皆がそうなる必要はありません。子どもにはそれぞれの個性があり，その個性を伸ばすためにも，今後の目標（課題）を自分で設定できるようにします。

実際の授業

教材をすべて読んだ後に，発問をする。

T　お母さんがいうように，得意なことがあってもそのままではダメなのはなぜかな？　ゆう子はどうしたらいいだろう？

C　少し得意なくらいでは，本当の画家にはなれない。ゆう子も本気なら，毎日絵の練習をした方がいいと思います。

C　どんどん練習すれば，きっと才能がどんどん伸びると思います。

C　得意なことは，勉強して，努力していかないとそのままになる。

C　自分の得意なことを伸ばして，夢に近づく努力をするとよいと思います。自分を磨き続けないとダメだと思う。

T　**今日の学習を踏まえて今後の目標（課題）にしたいことはありますか？**

C　僕はサッカー選手になりたいから，もっとドリブルがうまくなるようにする。練習が大事だと思った。

C　私はゆう子さんと同じで，絵が得意なので，もっと腕を磨きたいです。画家ではなく漫画家になりたいから，ストーリーの勉強もしたい。

C　今，私はピアニストを目指しているけれど，まだ指がうまく動かない。基本の練習が大事だから，疎かにしないようにしたい。

C　僕は，虫が大好きで詳しいから，図鑑でいろいろ生物学を学びたい。夏休みの研究では標本をつくるよ。頑張ります。

C　私には，まだはっきりとした夢はないけれど，自分の笑顔が好きだから，笑顔が生かせる仕事を見つけようと思う。今のところ，キャビン・アテンダントかなと思うから，今から英語の勉強をしようと思っているよ。

T　そこでは何が大事になるかな？

C　自分の力を信じて頑張り続けることだと思います。

C　好きなだけでなく，自分の能力を磨き続けることが大事だと思います。

C　プロの道に入るのは大変だと思うので，今のうちから得意なことを努力して伸ばしていきたいです。

22 中学年
内容項目　A−(5)　希望と勇気，努力と強い意志

教材名　ぼくらは小さなかにはかせ

発問40　授業で（今日）の学びを今後の学習（次回）にどう生かせるか？

本教材は，遊び仲間3人組が，庭で小さなかにを見つけたことから話が始まります。先生に相談するものの，自分たちで調べて壁新聞にするように促されます。かにの正体を知りたいという興味から，休みの日に町の図書館までいって調べる勉強仲間3人組に変容していきます。そして，かにの正体を見つけ，見事に壁新聞をつくります。最後に，先生にかに博士になったといわれ，3人は嬉しい気持ちになります。その喜びは，次の学びへとつながっていることを示唆して物語は終わります。

本来，学びは，主体性が大切にされるべきです。この教材では，「かにを調べたい」という興味・関心が，学びの主体性を生み出す原動力となっています。それは，次の学びへつながるものであることを考えさせたいです。

「問題解決的な学習」をつくるキー発問
今日の「かにはかせ」の話を今後の学習にどうつなげられるだろう？

本来，学ぶことは楽しいです。それがこの教材から学べることです。では，学びがなぜ楽しいのでしょうか。それは，自分の興味・関心が課題の中心にあるからです。昆虫が好きな子は虫にやたらと詳しいです。そろばんが好きな子は計算が大好きです。そもそも学びとは，そのようなものではないでしょうか。

つまり，自分がこうしたい，こうなりたいという強い意志があれば，自ら努力する姿が生まれるのです。しかも，つらい努力ではなく楽しい努力なのです。学びが楽しいからもっと頑張ろうと思います。このキー発問は，そうした学びの喜びを実感し，次の学習につなげるための発問です。

実際の授業

教材をすべて読んだ後に，発問をする。
T　３人組は，どうしてかに博士になれたんだろう？
C　途中から，学ぶことが楽しくなってきたから。
C　かにの謎を解きたいと思ったからじゃないかな。
C　かにの正体を知りたいと思っているから。
C　本当に知りたいことだから，学ぶこと自体が楽しいんじゃないかな。
T　どうして人からいわれると，楽しくないのかな？　どうすれば学ぶことが楽しくなるのかな？
C　確かに誰かに「勉強しなさい」っていわれるとやりたくなくなるよね。
C　でも，この３人組は違うよね。楽しそうだし，無理をしていない。
C　知りたいことだから，どんどん学んでいっているよね。
C　自分の興味のあることを見つけて，学んだり考えたりすることは楽しくて当たり前だよね。
C　勉強を楽しくするコツがわかってきたよ。
T　**今日の「かにはかせ」の話を今後の学習にどうつなげられるだろう？**
C　自分の興味のあることを学ぶことは楽しいことに気づきました。
C　いろいろ調べることは，本当は楽しいものなんだと思った。
C　なかなか難しいけれど，自分が知りたいなと思うことをいろいろ調べてみたいと思います。
C　自分で勉強したいことを見つけることが大事だね。
C　そうすれば，かに博士みたいにどんどん次の学習につながりそうだね。
C　道徳で学んだことも，社会や理科につなげることができるよね。環境の問題とか情報の問題なんかね。
C　夏休みにやる研究みたいに，道徳でおもしろいと思った話は，図書館やインターネットでどんどん調べてみるといいかもしれない。
C　偉人の話はおもしろいから，もっと生い立ちや歴史についても知りたい。

23 中学年

内容項目　B-(6)　親切, 思いやり

教材名　心と心のあく手

発問18　現状はどうなっているか？　何が原因か？

　本教材は, 主人公のぼくと近所のおばあさんとの心温まる話です。ぼくは, 荷物を重そうに運ぶおばあさんを見かけてどうしようか迷いますが, 転びそうになった姿を見て, 思わず自分が荷物を持つと声をかけます。しかし, おばあさんは, 親切を断ります。そのとき,「現状はどうなっているのか？」を知りたくなります。そして, そのおばあさんに関する情報や親切を断った理由を知ります。つまり, おばあさんのことを深く理解します。

　数日後, またおばあさんに出会うのですが, おばあさんの様子を見て, 自分ができることを考えるのです。これこそ, 相手を思いやった本当の意味での親切な姿です。このようなふれ合いを通して, 心と心があく手したような柔らかな感覚を感じ取り, 本当の親切を考えさせたいところです。

> 「問題解決的な学習」をつくるキー発問
> 現状はどうなっていますか？

　おばあさんは, ぼくが勇気を出してやろうとした親切をきっぱりと断ります。このことで, ぼくは残念に思います。このタイミングで,「現状はどうなっていますか？」という発問をします。この発問により, おばあさんはなぜ親切を断ったのか, 足が不自由なのにどうして断ったのかという現状分析を客観的に考えられるようにしたいものです。

　親切にするには, ただ親切な姿を見せればよいのではありません。それこそ客観性に欠ける姿です。「現状はどうなっているか？」と相手のことを知ろうとする心の営みこそ, 思いやりであり, 相手をすべて知ってこそ, 本当の親切ができることを感じ取らせたいところです。

実際の授業

教材の前半を読んだ後に，発問をする。
T （親切を断ったおばあさんの）現状はどうなっていますか？
C おばあさんには，何らかの事情があって，親切を断ったと思う。
C ぼくに声をかけられて嬉しかったと思うが，いらない親切だったのでは。
C 歩く練習をしているから，親切が余計なお世話になったのではないか。
C でも，親切にしたいときは，断られるかもしれないけれど，なるべく声をかけるべき。だから，やっていることは，間違っていない。
C むしろ残念に思う必要はない。何か事情があったと思う。
教材の後半を読んだ後に，発問をする。
T おばあさんの実状はどうなっていましたか？
C やっぱり，歩く練習をしたかったんだね。
C 親切にするって，相手のことを知らないとできない。
C 相手を知ることで，本当の気持ちがわかる。
C 本当の気持ちがわかれば，いろいろな親切ができると思います。
C おばあさんの現状を分析しないと，本当の親切はできない。
T 現状がわかった後で，どうすればよかったと思いますか？
C 見守るという親切は何もしていないけれど，相手の現状を知れば，相手が最も喜ぶ親切だと思う。
C 親切をする場合は，相手の現状を知ることがとても重要で，相手を知れば知るほど，何とかしようと思いやりの心が膨らむ。
C おばあさんの歩く姿を見て，転ばないかと心配で仕方ない。だから，黙ってついていく。歩く練習は，心から応援している。
T 今日の学習でどのようなことを考えましたか？
C 仮に親切にする姿がなくても，相手の心に寄り添う温かい心があればいいと思う。そういう隠れた思いやりも示せるようにしたい。
C 本当の親切とは，心と心をつなげて生きていくことだと思う。

24

中学年
内容項目　B-(8)　礼儀

教材名　三本のかさ

発問49　なぜ道徳的価値は大切なのか？

　本教材は，遊びに来ていた友達3人に，雨模様なので，傘を貸してあげる話です。3人の傘の返却方法を，オムニバスにしてまとめています。まず，なお子さんはお礼にクッキーを持ってすぐに傘を返しにきます。次に，りょうへいさんは，次の日に傘をしっかりと乾かして返却します。最後に，つとむさんは，次の日，傘の紐がとれそうな部分を修理して返却にきます。

　どの傘の返却方法も，貸してくれた人への真心があり，礼儀の大切さを考えさせることができます。3人は，なぜそれぞれそうしたのでしょうか。そこに，「なぜ礼儀は大切なのか？」を考えさせるポイントがあります。

> **「問題解決的な学習」をつくるキー発問**
> 　なぜ礼儀は，大切なのでしょうか？

　この発問のキーセンテンスは，「なぜ礼儀は大切か？」です。人間関係において礼儀が大切であることは常識です。だから，私たち教師は日頃の生活で子どもたちに「挨拶をしなさい」「礼儀正しくしなさい」とよく指導します。しかし，その意味や意義まで子どもたち自身に考えさせ，教えることはあまりありません。

　そこで，この教材を通して三者三様の礼儀の形にふれて，改めて「なぜ礼儀は大切か？」を考えることで，礼儀の意義や意味を根本的に考えることができます。そういう意味でこの発問は，大変有効なのです。

　人と人が気持ちよく生活していくうえで，礼儀は欠かせないものです。その行為・行動の意味を再度深く考えることで，真心の込もった礼儀を大切にできる人間へと成長できる力をつけます。

実際の授業

教材をすべて読んだ後に，発問をする。
T 3人に共通していることは何でしょうか？
C 3人ともとても礼儀正しいと思います。
C 3人は返し方が違うけれど，どれも相手のことを考えていてすてき。
T どれが一番いい返し方かな？
C すぐ返した方がいいと思います。次の日，使うかもしれないから。
C 乾かしてから持ってこないと，迷惑になると思います。
C 次の日でも，取れそうになっていた紐を修理してもらった方がいいと思います。ただ「ありがとう」といって返すだけでなくプラスがあります。
C そのプラスが，言葉と心でセットされて嬉しい。
T どれも礼儀正しいと思います。こうした礼儀をどう思いますか？
C 礼儀って，見えないようで見える。心が温かくなる。
C 傘の貸し借りで，こんな気持ちになるなんてすごい。
C 礼儀があると，皆が気持ちよくなる。
C 礼儀があるから，清々しくなる。
C 礼儀があるから，皆幸せになれるような気がする。
T **なぜ礼儀は，大切なのでしょうか？**
C 礼儀は，人と人の心をつないでくれるから大切だと思います。
C 礼儀があるから，皆気持ちよく生活できるのだと思う。
C 礼儀がないと，けんかになってしまうから。きちんと真心を込めて接するために，礼儀作法は役に立つと思います。
C 「親しい仲にも礼儀あり」っていうけれど，ナアナアではダメだと思う。
T 今日の学びを，これからの生活でどう生かしていけるでしょうか？
C ちょっとした礼儀でも，心を込めてやっていきたいと思う。
C 礼儀をもつことで，楽しくて気持ちいい学校生活を送りたい。
C 地域の人たちにも挨拶して，礼儀を忘れないようにしたい。

25 中学年
内容項目　B−(9)　友情, 信頼

教材名　絵はがきと切手

発問8　登場人物（主人公）はどうしたらよいか？

　子どもたちが友達の気持ちを思いやるとともに, 正直に語り合える人間関係を築けるようにしたいものです。そこで, 本教材を使って友達との葛藤状況を考え, 上手に自分の気持ちを伝えることができるようになることを主題としました。ひろ子は転校した仲よしの正子から絵はがきを受け取り喜びますが, その絵はがきが定形外郵便物で, 料金不足であることを知ります。ひろ子は返事で正子に料金不足のことを知らせるべきかどうか迷います。料金不足を伝える場合でも, 具体的にどういえばよいかでも困惑しています。

> 「問題解決的な学習」をつくるキー発問
> 　もし自分が正子だったら, どうしてほしいですか？

　この教材では, ひろ子の立場で「ひろ子はどうしたらよいだろう？」と尋ねるのが一般的です。そうすると, 子どもたちは「料金不足を教えない」が多く, 「教える」が少数派になる傾向があります。「教えない」理由を尋ねると, 「正子に嫌な思いをさせたくない」「かわいそう」と答えることが多いです。
　そこで, 可逆性の発問として「あなたが正子なら, そうしてほしいですか？」と尋ねると, 今度は逆に「自分が正子なら教えてほしい」と答える方が多数派になります。教えた方がいいことはわかっていても, なかなか本音を上手に語れない子どもたちが多いのです。さらに, 「本当の友達ならどうしたらいいだろうか？」を問いかけます。「正子が他の皆に同じ絵はがきを出したら大変だ。正子のためにも教えた方がいいかも」という意見も増えてきます。こうした発問によって本当の友達の在り方について考えを深めていきます。

実際の授業

　ひろ子が兄と母の意見を比べながら悩むところまで読む。
T　ひろ子は何を悩んでいるのでしょう？
C　正子に料金不足を正直に教えるか，教えないか悩んでいる。
T　ひろ子は正子に料金不足を教えるべきでしょうか？　それはなぜですか？　実際にそうしたら，どうなると思いますか？
C 1案　教える（12人）：正しいことだから。→きっと正子に教えてくれてありがとうっていわれる。→嫌がられるかもしれないよ。
C 2案　教えない（21人）：もう正子にはなかなか会えないから。→お母さんがそういうから。→正子が同じ失敗をするかもしれないよ。
T　このまま放っておいたら，どうなるかな？
C　正子が他の人にも絵はがきを出して，困るかもしれない。
T　**もし自分が正子だったら，どうしてほしいですか？**
C　**教えてほしい（30人）**：恥をかくから。友達だから。
C　**教えてほしくない（3人）**：何となく嫌だから。
T　本当の友達なら，どうした方がいいのかな？
C 3案　本当の友達なら，相手が嫌な思いをしないように伝えればいい。
C 4案　直接会いにいって，上手に伝えればいい。
T　どのように伝えれば，相手に嫌な思いをさせずに上手に伝えられるかな？　ひろ子の立場で，正子にはがきを書いてみよう。
C　（ひろ子役）絵はがきありがとう。蓼科高原って素敵なところね。私もいってみたいな。絵はがきを見ながら，正子さんと一緒に遊んだことをいろいろ思い出したわ。今度の夏休みにでも遊びにいきたいな。それから，絵はがきは大きいサイズだと切手が違うんだって。私も知らなかったのだけどね。これからもずっと友達でいようね。それでは，また。
T　どんなところを工夫しましたか？
C　友情を確かめながら，相手に気づいてもらえるように書いてみました。

26 中学年

内容項目 B-(9) 友情, 信頼

教材名　友だち屋

発問47　本当の道徳的価値とは何だと思うか？

　本教材は、もともとは絵本です。主人公のキツネが、友達をつくろうと「友だち屋」を始める話です。はじめはクマに出会い、食べないイチゴやはちみつを食べてお代をもらいます。次にオオカミに会い、一緒に遊びます。その代償としてお代を請求しますが、オオカミに友達から金を取るのかといわれ、オオカミとキツネは本当の友達になります。

　この話では、キツネとクマ、キツネとオオカミの関係を比較すると本当の友情について考えやすくなり、そのうえで次の発問をすると有効です。

「問題解決的な学習」をつくるキー発問
　本当の友情とは何でしょうか？

　この発問のキーセンテンスは、「本当の」です。主人公のキツネははじめ、友達のつくり方がわからずにお金で友達をつくろうとしています。しかし、オオカミの助言により、本当の友達のつくり方を教えてもらいます。ここに、友情、信頼を深く考えるポイントがあります。

　本当の友達とは、お金や物ではなく、心でつながっているものであることを考えなければなりません。心でつながるとは、一緒に遊んだり、けんかしたり、いいたいことをいい合ったり、自然に対等につき合える相手です。よって、本当の友情とは、そのような長い時間をかけて築き上げた信頼が積み重なって、できているものであることを理解させたいところです。そのために、「本当の友情とは何でしょうか？」「本当の友達とはどういう人か？」という発問はとても有効で、子どもたちが生きていく中で直面する問題を解決する力となります。本当の友達の在り方について考えを深めていきます。

実際の授業

教材をすべて読んだ後に，発問をする。

T クマのときとオオカミのときでは，何が違うのですか？
C クマのときは，お金で友達になっていた。
C クマのときは，嫌々いて，食べたくないものも食べて，居心地が悪い。友達というよりもお客さんだと思う。
T 友達はお金で買えるのかな？
C 買えないよ。買えるわけないじゃない。
C お金があれば，寄ってくる友達はいるかもしれない。
C クマのときはお金を払ってもらっているけど，キツネは楽しくなさそう。
C 商売をしているんだから，本当の友達じゃない。
C オオカミのときは，お金じゃなくて，普通の遊び相手になっている。
C 遊びでも勝ったり負けたりして，キツネの方も楽しそう。
T キツネにお金を払わないオオカミをどう思いますか？
C 友達になってあげたのに，お金を払わないなんてひどい。
C 友達になってお金をもらおうとしているキツネを叱るなんてすごい。
C オオカミはキツネを友達と見ているから，お金じゃないよね。
C キツネは友達ができて嬉しそう。だから「友だち屋」をやめている。
C お金ではなく，本当の友達がつくれて嬉しいのだと思う。
T **本当の友情とは何でしょうか？**
C お金ではなく，心と心でつながることだと思う。
C お金の損得抜きで，楽しくつき合うような関係だと思う。
C 相手を認め合って気持ちよくつき合うこと。
C オオカミがキツネにしたみたいに，自分の間違いを指摘してくれること。
C けんかしても仲直りして，もっと仲よくなることじゃないかな。
C お互いに高め合い，支え合うこと。
C そんな友情を感じられる人とは，一生ともにすごしたい。

27

中学年

内容項目　C－(11)　規則の尊重

教材名　雨のバス停りゅう所で

発問15　具体的にどう（行動）すればよいか？

　本教材は、「わたしたちの道徳」にもある定番教材で、雨の中、バスを待つ停留所での話です。バスを待つ人々は、暗黙の了解でバス停より少し離れた軒下で、雨に濡れぬように並んで待っていました。よし子はバスに素早く乗って席に座ろうと、バス停におけるマナー（ルール）を無視してしまいます。そのような姿を目の当たりにした母は怒り、バスの中で厳しい態度を見せます。その母の様子を見て、よし子は自分の行動について考え直します。

　では、よし子は、具体的にどう行動すればよかったのでしょうか。そこが、最も考えたいポイントになります。規則の尊重ができなかったわけを考え、規則を守るよさをじっくりと味わわせたいです。

> **「問題解決的な学習」をつくるキー発問**
> 　具体的によし子はどうすればよかったのでしょうか？

　この発問は、問題の解決を具体的な行動面で考えるよう促す発問です。こうした具体的な行動を問う発問は、その根拠を問う発問とセットになります。この教材では、よし子の行動に問題があり、それをどのように改善すべきかを話し合う必要があります。よって、この発問が有効です。

　そこで、まず「お母さんはどうして怒っているのだろう？」と問い、次に「どう（行動）すればよかったのか？」と問い、最後に「その行動にはどんな意味があるのか？」と問うのです。暗黙のルールを守るために、具体的にどうすればよかったかを考えるところがポイントです。マナーを守るという行動を支えている心について考えさせなければ、この発問のよさは見いだせないし、よりよく生きるという本質に迫ることはできないでしょう。

実際の授業

教材をすべて読んだ後に，発問をする。

T どうして，お母さんは怒っているの？
C 娘が皆に迷惑をかけたからです。
C バスで座るよりも，きちんとマナーを守ってほしかったのだと思います。
C 自分の子がマナーを守れなかったので，恥ずかしいんだと思います。
C マナーぐらい守れると思っていたのに，ショックだったのかもしれない。
C よし子はバスのルールを知らなかっただけかもしれない。
T **具体的によし子はどうすればよかったのでしょうか？**
C きちんと並んで待つべきだった。マナーを守ってバスに乗るべき。
C でも，どんなルールがあるかわからないと思います。
C バス停の様子や周りの人間をよく見て，行動すればよかった。
C でも，マナーを知らないこともあるし，忘れてしまうこともある。
C お母さんにどうすればいいか聞いてもよかったのかな。暗黙のルールはいろいろあるから。
C 自分のことだけなく，皆のことを考えないとマナーは守れない。
C バス停は，公園と同じで皆の場所だから，よく考えて行動したい。
C 皆が気持ちよくバスに乗れるように，考えればよかった。
C マナーやルールはそのためにあるから，守りたい約束だと思う。
T このような行動は，どんな意味があるのだろう？
C 自分のことだけを考えるのではなく，皆のことを考えること。
C 皆が気持ちよく暮らすためには，マナーは大切だということ。
C たくさんの人と気持ちよく生きていくために，マナーやルールは大切だと思う。だから，きまりを守ろうとする心が大切だと思う。
C 皆がマナーやルールなどのきまりを守っているから，気持ちよく生活できることを忘れないようにすべき。
C 自分もマナーやルールに守られていることを忘れないようにしたい。

28 中学年
内容項目　C-(12)　公正，公平，社会正義

教材名　プロレスごっこ

発問22　自分がそうされてもよいか？　相手の立場でもそれでよいか？

　本教材は，いじめの教材です。いじめの構造は，いじめられる側，いじめる側，傍観者という３つに分類できますが，特にいじめられる側の精神的ダメージは計り知れないです。そこで大切になる考え方は，「自分がそうされてもよいか？」という可逆性を問うことです。

　それぞれの立場に立ち，多面的・多角的に考えていかなければ，いじめ問題は解決できません。「プロレスごっこ」という遊びの中に潜むいじめ問題を考えさせるために，「自分がそうされてもよいか？」という発問で，その深刻さを理解させたいところです。

> 「問題解決的な学習」をつくるキー発問
> 　自分が遊びでプロレス技をかけられてもよいでしょうか？

　教材は一人の子に，多数の子がおもしろ半分にプロレス技をかけるといういじめの話ですが，それを読んでいる学習者は，傍観者の一人にすぎません。そこで，「自分がそうされてもよいか？」という可逆性を尋ねる発問をすることで，いじめられる立場に立って，いじめ問題を考えることができます。

　いじめ問題は，それぞれの立場に立ち，多面的・多角的に考えることで見えてくるねじれた人間関係を全体的に把握する必要があります。

　可逆性の発問は，それを可能にします。「自分がそうされてもよいか？」と問われれば，嫌に決まっています。では，「なぜ嫌なのか？」「どうすればよいのか？」など，他人事では済まされない状況に自分の身をおいて考えを深めていくのです。いじめ問題の解決は，いじめの予防にあり，ねじれた人間関係を改善できる一人ひとりの心の豊かさが求められるのです。

実際の授業

プロレスごっこをしている場面を読んだ後に，発問をする。
T　**自分が遊びでプロレス技をかけられてもよいでしょうか？**
C　絶対やめてほしい。遊びでもダメ。自分なら耐えられない。
C　攻撃している方は楽しくても，やられている方はつらいと思う。
C　プロレスごっこは，ただの暴力になることがあるから怖い。
C　遊びだから，やったりやられたりするんじゃないかな。
C　遊びといっているけど，一方的にやられる人もいるよ。
C　やられてばかりいる人にとっては，地獄の苦しみだと思う。
C　体も心も痛くなる。絶対にやめてほしい。

教材をすべて読んだ後に，発問をする。
T　どうすればよいか考えてみましょう。
C　自分がこのクラスの一員だったら，見て見ぬふりはしたくないな。
C　何もしないのは，いじめを認めていることになると思う。
C　怖いから，そのまま見て見ぬふりになってしまうかもしれない。
C　いじめられる子の立場に立つと，一刻も早く解決したいです。
C　いじめをやめさせるためには，勇気も必要だと思います。
T　なぜそう思いますか？
C　一人でとめるのは難しいから。それを見ている人皆で力を合わせてとめないと。
C　いじめている方の人も心配です。弱いものをいじめることが楽しくなって，自分ではとめられないでいるかもしれません。本当はいじめている方も助けてあげなければならないと思います。
C　いじめられる子も，いじめる子も皆で守っていくことを考える。
C　それぞれの立場でいじめを考えれば，きっといじめはなくせると思う。いじめられる子を守り，いじめる子には優しい心をもってもらいたい。
C　周りにいる人たちも，皆の問題としてかかわっていった方がいい。

29

中学年

内容項目　C-(14)　家族愛，家庭生活の充実

教材名　お母さんのせいきゅう書

発問48　どんなときに道徳的価値を感じるか？

　家族（の無償の）愛を感じ取ることができる定番教材です。ある朝に，ブラッドレーは母親へ請求書を渡します。それは頑張ったことへのご褒美やお手伝いの代金を請求するものでした。その請求書を見た母親は，何もいわず，お昼にブラッドレーにお金と別の請求書を渡します。その請求書には，費用すべてが無料であることが書かれています。それを見たブラッドレーは涙し，母に謝罪します。

　どんなときに家族愛を感じるかと問うことで，請求書に込められた母親の深い愛情を思い起こすことができます。

> **「問題解決的な学習」をつくるキー発問**
> 　自分の家で，どんなときに家族愛を感じますか？

　この教材において，「家族愛を感じたときはどんな場面か？」と問えば，それはお母さんから渡された無料の請求書を見たときです。しかし，よく考えるとそれだけではありません。ブラッドレーの請求書を見たときの母親もそうですし，謝罪したブラッドレーを優しく受けとめる母親もそうです。また，請求書の中に書いてある内容すべてもそうです。つまり，「どんなときに」と聞かれていますが，教材の様々な場面でそう感じるのです。そのように考えると，自分たちの生活も同じなのではないでしょうか。家族愛を感じるときは，人それぞれです。しかし，家族の関係では常時，愛が存在します。そのことを敏感に感じ取れるような子どもになってほしいものです。

　「どんなときに家族愛を感じますか？」という発問は，当たり前のようにある家族愛を敏感に感じ取ってもらえるようにする優れた発問なのです。

実際の授業

　教材をすべて読んだ後に，発問をする。
T　ブラッドレーは，なぜ泣いたのでしょうか？
C　お母さんの請求書を見て，自分の愚かさに気づいたから。
C　請求書の中身を読んでお母さんに申し訳ないと思ったから。
C　だって，０ドルっていわれたら，そのときにハッと気づいたと思う。
C　０ドルの意味をよく考えて，お母さんへ感謝するようになったから。
T　請求書を見たときだけ，家族愛を感じているのかな？
C　最初にブラッドレーから請求書を渡されたとき，お母さんが怒らなかったのは，家族愛からだと思う。
C　僕の家でこんな請求書を渡したら，ものすごく叱られるよ。
C　お母さんは本当はショックだったかもね。でも，受けとめてすごいな。
C　お母さんが渡した請求書に書かれていることを読んでも，家族愛を感じるよ。看病してくれたときも０円だったことをいわれるとジーンとくる。
T　**自分の家で，どんなときに家族愛を感じますか？**
C　遠足（校外学習）などで，お母さんがお弁当をつくってくれたとき。
C　朝寝坊したときに，お母さんが怒らず，優しく起こしてくれたとき。
C　いつもおいしい食事をつくってくれたとき。
C　習い事がうまくいかないとき，「あなたならできる」と励まされたとき。
C　けがや病気のときに，心配してくれたとき。
C　お話をじっくり聞いてくれたり，相談にのってくれたりするとき。
C　誕生日に好きなものを買ってくれたり，お祝いしてくれたりするとき。
C　親が僕を叱るのも，親の愛情のような気がしてきた。
T　これからの生活で家族にどんなことをしたいですか？
C　いろんなところで世話になっているので，「ありがとう」っていいたい。
C　いっぱい家族愛を受けているから，私も愛を返していきたい。
C　大きくなったら親孝行できるようにします。長生きしてほしいな。

30 中学年
内容項目　C−(15)　よりよい学校生活，集団生活の充実

教材名　えがおいっぱい

発問14　どうしたら道徳的価値を実現できるか？

　本教材は，皆で楽しい学級をつくっていくためには，どうすればよいかを考える教材です。登場人物のあおいの学級目標は，「えがおいっぱい」です。教室前面に大きく掲示してあります。しかし，学級の様子は，けんかや陰口などが横行し，決して笑顔がいっぱいのよい学級ではありません。あおいは，学級目標に近づいていないと問題提起をします。

　こうした現実的な問題を，子どもたちとともに考えたいです。つまり，よりよい学校生活，集団生活の充実という道徳的価値を実現するために，具体的にどうすればよいかを考えていくのです。そうすると道徳と学級活動をつないでいける学びになります。

> 「問題解決的な学習」をつくるキー発問
> 　どうしたら笑顔いっぱいの学級になれるだろうか？

　不登校やいじめ問題は，学級内の人間関係が希薄で，学校生活（集団生活）が充実していないことが要因の一つです。その問題を解決するためには，どうしたらよりよい学校・学級になるかを考え，実践すればいいです。道徳の授業では，学級経営の柱となる学級目標を具現化するために，一人ひとりがどうしたらよいのかをじっくり考えられるようにしたいものです。

　「どうしたら」といういい回しは，単に方法を問うているわけではありません。いい換えれば，「どのように考えたら」や「どのような心があれば」というニュアンスがあることにも配慮したいところです。そして，自分が今，すごしている学級の目標に再度目を向けて，現実の生活をよりよくすることにつなげていくことが大事になります。

実際の授業

教材の途中（学級に笑顔があまりない状況）で，発問をする。

T　ここでの問題は何でしょうか？
C　学級目標が「えがおいっぱい」なのに，けんかや陰口があるところ。
C　誰も笑顔がいっぱいになるよう，頑張っていない。
T　**どうしたら笑顔いっぱいの学級になれるだろうか？**
C　悪口や陰口を禁止したらいいと思います。ルールをつくった方がいい。
C　笑顔いっぱいにするために，皆で楽しい遊び（学級遊び）をする。
C　皆が笑顔になれる活動をつくればいいと思う。
C　いいね。僕もお笑い係とかゲーム係とかつくればいいと思う。
C　私も賛成です。係活動を皆が笑顔になれる活動にすればいいと思う。
C　楽しいイベントをして，笑顔を増やすようにすればいいよね。
T　一人ひとりは，どんなことを心がければいいのかな？
C　同じ学級の仲間だから，誰とでも仲良くしないと笑顔になれない。
C　皆で決めた学級目標だから，皆で力を合わせるように一人ひとりが力を出すことが大切だと思います。
C　いつでも協力できるように，一人ひとりが心でつながらないとダメ。
C　誰とでも協力できるように，どの子とも仲良くしようと思わないとダメ。
C　一人ひとりが優しくなれば，皆が笑顔になれると思う。
C　クラス一人ひとりがよくないと，皆が笑顔になれないと思う。
T　私たちの学級を振り返ってみると，どうですか？
C　今のところ，いい感じだと思う。皆笑顔だし…。
C　うーん。でも，ときどき，けんかしてしまうからな。
C　けんかしてもいいけど，仲直りできれば，きっと目標通りにできるよ。
C　もっと協力できると思う。お互いにもっと声をかけ合うことが大切。
C　一人ひとりが優しくするぞと全力を出せば，もっと協力できると思う。
C　学級目標を毎日考えられるような何かに取り組みたいな。

31 中学年

内容項目　C－(17)　国際理解，国際親善

教材名　いつかオーストラリアへ

発問50　今日の授業でどのようなこと（何）を学んだ（考えた）か？

　2020年に東京でオリンピックが開催されます。このビッグ・イベントで，子どもたちは，世界にはたくさんの国があり，いろいろな文化があることを学ぶことができます。日本には日本のよさがあり，それが日本人としての自覚を形成していることに気づき，それが他国にも同様にあることを知ることで，国際親善の礎を築いていくことが大事です。

　本教材では，主人公たけるの家にオーストラリアからの留学生ダニエルがホームステイに来ます。はじめは仲よくなれなかった2人ですが，日本の文化である漫画で意気投合します。その後，ダニエルから文化の違いを聞き，たけるはいつかオーストラリアへいってみたいと考えるようになります。この2人のように異文化を尊重し，興味をもつことは世界平和へつながります。そのようなグローバルな人間を育てることも，道徳科では求められています。

> **「問題解決的な学習」をつくるキー発問**
> 今日の授業で何を学びましたか？

　「何を学びましたか？」と発問することで，授業全体を振り返り，自分の気づきや学びをまとめることができるようになります。これから自分がどのように生きるのか，そのために活用したい知識を今日のどこでどのように得られたかを考えることができます。

　国際理解，国際親善については，まず，日本と他国（オーストラリア）との文化の違いを理解できるようにします。次に，それぞれの文化のよさを認め合い仲よくできるようにします。第三に，自分が学び考えた国々ともっと深く交流してみたいと意欲をもてるようにします。

実際の授業

教材をすべて読んだ後に，発問をする。

- T 今日の授業で何を学びましたか？
- C 日本とオーストラリアにはいろんな違いがあること。例えば，オーストラリアではシャワーがお風呂代わりであることや，給食がないこと。
- C 日本が冬のときに，オーストラリアは夏であること。
- C だから，サンタがサーフィンでやってくるんだね。おもしろい。
- T これから国際理解を深めるには，どうすればいいかな？
- C お互いの国のよさを認め合えばいい。違いを楽しめるといいな。
- C 日本なら，世界的に人気の高い漫画をアピールすればいい。
- C だからダニエルは，日本に来たんだよね。
- C 漫画やアニメ以外にも，日本にはよいところがたくさんあるよね。
- C 富士山とか，お寿司とか，相撲，ハイテク技術とか…。
- C 共通の話題があると，外国の人とも仲よくなれるんだね。
- T これから国際親善を深めるためには，どうすればいいかな？
- C 英語をたくさん勉強して，日本のよさを英語で紹介すればいい。
- C 英語があまり話せなくても，たけるはダニエルと仲よくなれたよね。
- C 自分の国のよさを伝えるだけじゃなく，相手の国のことも知ろうとすることが大事なんじゃないかな。
- C たけるもオーストラリアにいってみたいと思っているからすごい。
- C オーストラリアにも日本にも，それぞれよさがあることがわかった。
- C そのよさをお互いが知ることで，その国にいきたくなるってわかった。
- T もうすぐ東京オリンピックがあるけど，何かできることがあるかな？
- C いろんな国の人が日本に来るから，日本のよさを教えてあげたいな。
- C きっとあまり知らない国の人たちも来るから，いろんな国のことを調べておきたいよね。
- C 自分たちから声をかけて，いろんな国の人たちと仲よくなりたいね。

32 中学年
内容項目　D−(18)　生命の尊さ

教材名　五百人からもらった命

発問19　その結果，どうなるか？

　本教材は，一人の命を救うために多くの人たちが病院に駆けつけた実話です。ラジオやテレビで呼びかけたところ，駆けつけた人の数は，五百人以上でした。この時点で，「その結果，どうなったか？」と聞きたくなります。救えたのか，救えなかったのか…。結果は，もちろん「救えた」のですが，大切なのは，どうして救えたかです。つまり，結果に至るまでの過程や要因をじっくり考えさせることが重要になります。

　さらには，「その結果，どうなるか？」という発問は，「救われた」という教材の結果だけを考えさせるのではなく，自分の生命について「どのように考え判断し行動すれば，どのようになるのか？」という人生の因果関係を洞察させることにもつながるのです。

> 「問題解決的な学習」をつくるキー発問
> 　ラジオやテレビで呼びかけた結果，どうなると思いますか？

　この教材では，五百人が駆けつけた結果，一人の命を救うことができました。一人の命が危険にさらされているとき，いろいろな対応が考えられます。自分一人がどうこうしても何も変わらないと考え，何も行動しないこともあれば，自分だけでもその命を助けようと立ち上がることもできます。

　自分たち一人ひとりのとる行動が結果的にどうなるかを深く考えると，その行動の意味がよくわかるようになります。そこから，「自分の命は自分だけのものではない」という考えをし，「これからも多くの人と助け合い，支え合いながら全力で生きよう」という意欲にもつながります。この発問は，因果関係を見つめることで，将来の子どもたちの生き方に大きな影響を与えます。

実際の授業

　教材の3分の2を読んだ後に,問題場面で発問をする。
T　B型の血液がたくさん必要だったとき,どうすればいいだろう？
C　すぐにたくさんのB型の血液を集めるのは無理じゃないかな。
C　他の病院からもらえばいい。病院の前でお願いしてもいい。
C　一人か二人が来ても助からないから,どうしようもないと思います。
C　たくさんの人に呼びかけたらどうだろう。協力してくれる人がいるかも。
C　とにかく諦めないで,呼びかけるのが大事だと思う。
T　**ラジオやテレビで呼びかけた結果,どうなると思いますか？**
C　他の病院にも余っている血液はないかもしれない。
C　簡単にB型の人は集まらないと思います。献血だって難しいのに…。
C　急いで皆に呼びかければ,たくさん集まるかもしれません。
　五百人が集まったことを読んだ後に,発問をする。
T　どうしてこのような結果になったのでしょうか？
C　一人の命を救けたいと思って,B型の人が500人も来てくれたから。
C　500人もの人が本気で願ったから,助かったんだと思う。
C　皆「助けたい」と思っていたと思う。そうしないと病院には来ない。
C　たくさんの人の思いをお医者さんが受けとめ,全力で治療をしたから,一人の命は救われたんだと思う。
C　一人の命を救うことに,皆が真剣で,命はそれほどに大切だから。
C　どんな命でも助けないといけないと皆が思っているから。
T　生命についてどのように考え,今後どのように生きていきたいですか？
C　命は尊いから,助けられるものなら,絶対助けてあげたい。
C　一人ひとりが助け合う精神をもつことが大事だと思います。誰の命もかけがえのないものだから,助けてあげたい。
C　自分の命は,自分だけのものではないと思う。多くの人とかかわり,助け合い,支え合いながら生きていきたい。

33 中学年

内容項目　D-(20)　感動，畏敬の念

教材名　花さき山

発問39　授業で（今日）の学びを今後の生活にどう生かせるか？

　本教材は，昔話としても有名です。主人公のあやが，山ンばに出会います。その山ンばがいうには，この山一面にさく花が，人間が優しいことをすると一つさきます。つまり，優しいことをすれば花がさき，だからこそ，その花はきれいなのだと。

　この話を読むと，花の美しさと人の美しさが重なり，感動します。美しいものに人は感動しますが，山ンばの語りによって，より美しいものへと強化されていきます。花が美しいのは，私たちの心が美しいからです。美しいものが美しいものへ転移していくのだという心の営みは，授業の学びを超えて，子どもたちの今後の生き方へ生かしてもらいたいところです。

> 「問題解決的な学習」をつくるキー発問
> 　授業の学びを今後の生活にどう生かせますか？

　この発問は，授業で学んだことをこれからの生き方へどうつなげていくのかを問うています。

　この教材では，花さき山が，人の心の美しさでできていることを理解し，美しいものは，美しい心があってはじめて感動できることを味わわせたいものです。そして，自分たちの日常生活も，そのような美しいものや気高いものにしていこうとする意欲をもたせることが重要です。

　そこで，人が美しいものに感動するのは，自分に美しい心があるからなのだという実感や自覚をもつとともに，普段の生活にもそうした意識を生かそうするようにしたいところです。授業の一つの学びが，今後の生活において連続・連動することを理解することで，実効性のあるものとします。

実際の授業

　教材をすべて読んだ後に，発問をする。
T　花さき山に花をさかせられる人は，どんな人だろうね？
C　心がきれいで，優しい人だと思います。
C　山ンばも実は優しい人で，この山に花をさかせているのかもしれない。
C　自分のことより他人のことを考えられる人は，きれいな花をさかせそう。
C　誰かのために頑張れる人だと思います。
T　今日の授業でどんなことを考えましたか？
C　花さき山は，すてきな花と山がたくさんあることがわかった。
C　花がきれいな理由がわかってよかった。
C　自分たちの心がきれいじゃないと，きれいな花はさかないことがわかったから，いつも心をきれいにする必要があると思いました。
T　**授業の学びを今後の生活にどう生かせますか？**
C　花さき山に花をたくさんさかせられるようにしたい。
C　そのために，人に優しくしたい。まずは兄弟に優しくする。
C　お家の人の手伝いをしたり，助けられることをしたりしたいなと思った。
C　いつも，きれいな心で生活しないと，きれいな花に感動できない。
C　きれいっていうのは，花や景色だけではなく，人の心も同じ。
C　きれいだなと思う心がないと，きれいなものに感動できない。
C　きれいなものに感動するためにも，自分の心をきれいにみがきたい。
T　これからどんな人になりたいですか？
C　人に優しくできる心を常にもっている人になりたい。
C　美しいものを求め続ける人になりたい。
C　自分ができることをしっかりとやれる人になりたい。
C　美しいものを見たり聞いたりしたら，感動できる人になりたい。
C　美しい心が消えないように気をつけ，自分を高めていける人になりたい。
C　人のために何かをしてあげて，心に花をさかせられる人になりたい。

34 高学年

内容項目　A−(1)　善悪の判断，自律，自由と責任

教材名　心の管理人

発問29　どれ（どちら）がよりよいか？

　本教材は，駐輪場の話が３つのオムニバスで構成されています。Aの駐輪場は，目印にロープが張ってありますが，それに関係なく自転車が置かれています。Bは，線は引かれ，管理人さんもいて，整理されています。Cは，ロープも線もないし，管理人さんもいないのにきちんと整理されています。あるのは利用者自身が管理人であることを伝える看板だけです。

　このA・B・Cの駐輪場の中で，「どれがよりよいか？」と問うことで，公共の場でどう行動すべきかを考え，自律的な判断と責任について理解することができます。

> 「問題解決的な学習」をつくるキー発問
> 　A，B，Cの中でどれがよりよいですか？

　この教材において，「A，B，Cの中でどれがよりよいですか？」という比較する発問は，「自由とは何か？」という問題を解決するために有効な発問といえます。Aは，ロープがあるのにグチャグチャです。これは自由放任で自分勝手な姿といえます。Bは，線と管理人さんがいるため規律に縛られています。Cは，看板一枚で整っています。つまり，Cの姿こそ自由な姿であり，そこには自律的な判断が求められ，各自に責任が伴います。このA〜Cを比較して，どれがよりよいかを考えることが道徳的判断力を養います。

　さて，よく考えてみると，Cが本当に理想的なのかと疑問に思います。看板がなくても，自転車が理路整然と並んでいる駐輪場Dもあるのではないでしょうか。様々な選択肢を比較して，人間としてよりよい生き方を具体的に見つけ出すことのできる魅力的な発問です。

実際の授業

　教材をすべて読んだ後に，発問をする。

T　A，B，Cの中でどれがよりよいですか？
C　Aは自由だけど，グチャグチャだからよくない。皆，自分勝手だね。
C　Bはきれいだよね。でも，自由じゃなくて窮屈かも。
C　線が引いてあるから，「ここにとめなさい」といわれているようなもの。
C　管理人さんもいるから，叱られるのが嫌でルールを守っているだけ。
C　Bは見張られているみたい。でもAよりはいいかな。迷惑ではないから。
C　Cが一番いい。（賛成が多数）
T　どうして，Cがいいと思うの？
C　看板を見て自分で判断して，自転車を決められた場所にとめているから。
C　だって，線もマークも管理人さんもいないんだよ。
C　これが一番理想。自分も皆も気持ちいいから。
C　看板を見て，一人ひとりが考えて，きれいに並べるなんて。
C　でも，そうなると，看板がないとAみたいになるってことかな。
C　あ，もっといい駐輪場を考えた。先生，Dもあります。
T　Dとは何ですか？　AでもBでもCでもないD…。どういうこと？
C　看板がなくても，きれいに並んだ駐輪場があると思います。
C　ああ，看板があることでさえ，やらされていると考えるわけだね。
C　そうそう，看板が利用する人たちの心の中にある。
C　自分でよい方へ向かっていくことが大切だと思う。
T　題名にある「心の管理人」ってどういう意味かな？
C　見えない看板が，一人ひとりの心の中にあって，それでよりよい生活を
　　つくり出そうということだと思います。
C　それなら一番いいのは，Dだよ。Dが自分からできたら，すごいよ。
C　Cもすてきだけど，よりよいのはDだね。
C　私たちの中にも「心の管理人」がいるような気がします。

35 高学年

内容項目　A-(2)　正直，誠実

教材名　手品師

発問1　ここで何が問題になっているか？

　本教材は，正直，誠実を指導する教材として有名ですが，毀誉褒貶が相半ばします。「自分が手品師だったらどうするか？」と考えると，教師の方でも迷ってしまう教材だからです。売れない手品師が，元気のない一人の男の子のために手品をします。そして，明日も来ることを約束します。しかし，その夜，手品師に大劇場で手品が披露できるというビッグ・チャンスの連絡が入ります。悩んだあげくに，次の日に男の子に手品を見せることにします。

　一見すると，自分の夢を投げ捨てて，男の子のところにいったことは誠実に見えますが，そうとも限りません。一つの先約を大切にして，自分の将来の夢や友人との信頼関係を犠牲にすることには多くの反論もあります。キャリア教育的にも疑問が残ります。男の子との約束を果たす誠実さと大劇場にいって夢を叶えることの間で熟慮したい教材です。

> 「問題解決的な学習」をつくるキー発問
> 　ここでは何が問題となっていますか？

　問題解決的な学習を始めるうえで重要なのは，問題を発見することです。この教材では，「男の子との約束を守るのか？」「大劇場で手品をするのか？」という究極の問題が存在します。ただそれだけでなく，「手品師はどうして次の日，男の子の前で手品をしたのか？」も問題になります。

　ここには，大きな夢が叶いそうでも，目の前の大切な約束を優先するという誠実で正直な考え方があります。一方，自分のキャリア形成も大事なことです。すぐに自己犠牲や誠実さを教え込む展開にはならないように留意したいところです。

実際の授業

教材をすべて読んだ後に，大劇場に誘いを受けた場面に戻る。

T　ここでは何が問題となっていますか？
C　大劇場にいくか，男の子のところにいくかで迷っていることです。
C　男の子のところにいったら，夢を諦めなくてはいけないことです。
C　大劇場にいったら，男の子を裏切ることになってしまうこともあります。
C　どちらか一方を決めることはできないと思います。
C　自分が手品師だったら，大劇場にいくけどなと思います。
T　皆さんだったら，どうですか？　自分だったら，どうしますか？
C　自分だったら，大劇場かな。だって，自分の夢でしょう。
C　自分は，手品師と同じように，男の子のところにいくな。約束だから。
　（意見が分かれて，教室がざわつく）
T　本当に悩みますね。では，手品師はなぜ男の子を選んだのだろう？
C　約束だったから。男の子が待っているから。
C　約束を守らないと，男の子がかわいそう。
T　手品師は自分の夢を諦めてもいいのかな？
C　夢を諦めたわけではない。また，その後，頑張ると思う。
C　自分の夢も諦めず，男の子にわけを話して大劇場にいっていいと思う。
C　約束を破って大劇場にいったら，後で手品師は後悔したと思う。
T　大劇場にいかない方が，後悔するのではないですか？
C　それは違う。男の子を選んで，後悔していない。
C　男の子を喜ばせているから，後悔していないはず……。
T　大劇場にいけば，もっと多くの人を喜ばせることができたのでは？
C　できないよ。心のどこかで男の子を裏切ったという気持ちがあるから。
C　そうそう，約束を破ってステージに立ってもいい手品はできない。
C　男の子に何とかして連絡して，大劇場にいくこともできたと思うよ。
C　男の子との約束を破らずに，大劇場にいく可能性も考えたいな。

36

高学年

内容項目　A－(5)　希望と勇気，努力と強い意志

教材名　夢に向かって―三浦雄一郎―

発問44　登場人物の行動を支えている道徳的価値は何か？

　本教材は，冒険家，三浦雄一郎さんの話です。三浦さんの偉業は，皆さんも知っての通りです。そんな三浦さんの行動を知れば知るほど，どのような心が三浦さんを動かしていたのか知りたくなります。今回の発問は，まさにその部分をクローズアップさせる問いなのです。

　三浦さんの行動を支えている道徳的価値は何かを考えることは，これからの長い人生をよりよく生きようとする子どもたちにとって，意義深いです。

> 「問題解決的な学習」をつくるキー発問
> 　三浦さんの行動を支えている価値って何だろう？

　三浦さんの行動を支えているものは，一言で言えば，「夢」です。どんな人にも夢がありますが，三浦さんの場合は，その夢が連続しています。つまり，夢をもち，努力して実現し，また夢をもつという連続性こそ学びたいポイントです。そう考えると，三浦さんの行動を支えている道徳的価値は，実に多種多様なのです。

　まず，夢をもち，それを実現しようと決心すること。次に，その決心に向かって諦めず努力すること。最後に，いくつになっても希望をもち，やる気を消さずに夢を叶えること。このような心が三浦さんを支えていることに気づきたいところです。

　夢と一言で片づけられない三浦さんの生き方は，子どもたちとともに考えたい生き方です。「人間，やってできないことはない」という大局観は，人間観そのものであり，多くの道徳的諸価値を包括する考え方です。三浦さんの行動を支えているものは，「よりよく生きる意志」なのかもしれません。

実際の授業

教材をすべて読んだ後に, 発問をする。
T 三浦さんの行動を支えている価値って何だろう?
C 夢をもち続けることだと思う。そして, 年齢は関係ないと考えている。
C 挑戦し続ける精神じゃないかな。だから, いつまでも若い。
C 私も挑戦し続けてやりとげようとする心が行動を支えていると思う。
C やっぱり努力じゃないかな。自分に厳しく常にトレーニングしている。
C トレーニングを通して, 人生すべてに対して前向きになっているね。
C 勇気もあると思います。冬山への登山なんて, 冒険がすごすぎる。
C 人生を変えるほどの決心があるからだと思う。
C 何があってもやる気を消さないという強い意志がある。
T どんな決心や意志があるのだろう? もっと教えてください。
C 「人間, やってできないことはない」という意志が行動を支えている。
C 新しい夢を次から次へと見つけて実現しようと決心している。
C 「人としてどう生きていけばよいか」を自分で決めています。
C 自分の可能性を試そうとする強い意志の力がすごい。
C 皆が驚く行動を支える心は, 僕たちが考えているより, はるかに大きくて壮大な夢なんだと思う。それが意欲を駆り立てている。
T 三浦さんの生き方から何を学びましたか?
C 三浦さんみたいに, 夢をちゃんともって生きていきたい。
C 目標を立てて, 諦めずに努力し続けていきたい。
C 困難なことでも克服し, 自分を高めていきたい。
C 自分の可能性を信じて, ベストをつくす人生を歩みたい。
C もっともっと一日一日を大切に生きていこうと思いました。
C よりよく生きるためには, 自分の夢とそこに向かう強い意志がとても大切であることがわかりました。
C 「一日一生」という言葉を思い出しました。全力で生きたいと思います。

37 高学年

内容項目　A-(5)　希望と勇気，努力と強い意志

教材名　鑑真和上

発問45　登場人物の言動（判断）をどう思うか？

　「鑑真和上」は，日本に仏教を広めるため，幾多の困難を乗り越えた偉人です。その偉業は，私たちの想像をはるかに超えます。その鑑真和上の言動を考えさせることは，意義深いです。

　「仏の教えを広めるためには，命を惜しんではいられない」という言葉もあるように，5回の渡航に失敗し，6回目にようやく日本に来ることができた鑑真。そのとき，65歳だった鑑真。日本いきの決心から10年以上も諦めずに，日本に仏教を伝えたいと思い続けているのです。ここがまさに鑑真から学ぶべき偉業であり，生き方なのです。

　自分が決意したことを成しとげるまで，決して諦めずに努力し続ける生き方こそ，考えるべき最大のポイントです。

> 「問題解決的な学習」をつくるキー発問
> 　鑑真和上のしたことをどう思いますか？

　この発問は，登場人物の言動について考えさせることで，鑑真が様々な問題をどのように解決し，偉業を成しとげたのかを理解することができます。この理解は，感動を呼び，自分もそうありたいという意欲までつながるものです。鑑真和上の偉業は，それほどに力があります。その偉業を支えるものは，鑑真がもつ壮大な夢（目標）です。

　鑑真和上の言動を問うことで，なぜ偉業を達成できたのか，どのような生き方をしたのかを理解し，自分もそうありたいという夢を抱くようにすることが大切です。そして，その夢の実現のために，これから何ができるのか，どうすれば諦めず夢に邁進できるのかを考え，深めることができます。

実際の授業

教材をすべて読んだ後に，発問をする。

T　鑑真和上のしたことをどう思いますか？
C　すごいと思う。自分だったら，諦めてしまうと思う。
C　どうして，ここまでするのって思う。
C　私もそう思います。普通なら３回ぐらいで諦めちゃうかも。
C　６回のチャレンジはすごい。しかも日本のために…。
T　どうして鑑真は諦めなかったのだろう？
C　仏教への思いがすごいからだと思う。
C　仏教を広めたいという大きな夢があったと思う。
C　鑑真が「大きな夢のためには，命を惜しまない」といえるなんてすごい。
C　命を惜しまないなんて，なかなかいえないし，いってもやれない。
C　目が見えなくなっても夢を諦めなかったのは，そんな思いからなんだと思う。
T　鑑真はどうしてやりきることができたのだろう？
C　日本の人たちにも仏教のすばらしさを教えてあげたかったんだと思う。
C　自分が決めたことだから，最後までやりきれるんだと思う。
C　逆にいうと，最後までやりとげるには，強い決心やしっかりとした目標がいるんじゃないかと思う。
C　今度の修学旅行で，唐招提寺をよく見てこよう。
T　皆さんには，どのような目標がありますか？
C　オリンピック選手になりたいと何となく思っていたけど，本気で思って，鑑真みたいに何度でも挑戦したいと思いました。
C　私は小さいころからデザイナーになりたいと思っていました。ちゃんと目標を立てて行動しないといけないと思いました。
C　鑑真の生き方から，失敗しても何度もチャレンジすることの大切さを学びました。人生は長いから，もっといろいろ勉強しようと思いました。

38 高学年

内容項目　A−(6)　真理の探究

教材名　帰ってきた，はやぶさ

発問36　すでに学んだ知識（や技能）は使えないか？

　本教材は，小惑星探査機「はやぶさ」の実話です。このはやぶさは，小惑星の表面の物質を持ち帰ることに世界で初めて成功した探査機です。

　このはやぶさから学ぶことは多いです。そして，このはやぶさの開発者，國中教授から学ぶことも多いです。はやぶさのエンジンは，20年の歳月を費やされて完成しています。それだけでも驚きですが，エンジンの動力が静電気であることにさらに驚愕します。そして，地球帰還のトラブル時にも，ダイオードでエンジンをつなぐ工夫をすることで乗り越え，7年間，60億kmにわたる宇宙の旅に成功しています。この前人未到の偉業は，人間のもつ真理への探究と創造性が成せる技なのです。

「問題解決的な学習」をつくるキー発問
　これまで学んできた知識を使えないかな？

　この発問は，問題解決をする際に前に習った知識や技能を活用できないかを問うものです。子どもたちは過去に様々な道徳的価値を学んでいきます。それをその時々の問題解決に使えないかを考えるよう促すのです。

　はやぶさの話では，静電気やダイオードなど身近にある知識や技能を新エンジンに使ってみようと考え，マイクロ波放電式のイオンエンジンを完成させます。なぜ國中教授がそんな発見や開発ができたかという問題を解決するためには，それまでの偉人・先人の話なども活用されるでしょう。

　また，道徳の学習において学んだ知識や技能は，普段の生活に活用できることも多々あります。こうした既存知識の汎用性を尋ねる発問により，道徳的判断力を高め，よりよい生き方へとつなげていくことができます。

実際の授業

教材をすべて読んだ後に，発問をする。
T 國中均教授はなぜ，はやぶさの開発に成功したのだろう？
C 難しいことがあっても，諦めずに頑張り続けたから。
C 20年もかけて，頑張ってエンジンを完成させたのはすごいね。
C 皆が無理だということを，やりとげているところはすばらしい。
T **それだけかな。これまで学んできた知識を使えないかな？**
C トーマス・エジソンのように何度失敗しても，再度チャレンジしたから。
C 山中伸弥教授がiPS細胞を作成したときも，同じように何度も何度も実験を繰り返し，失敗してもやり続けていたよね。
C 技術で多くの人々に役立とうとしたのは，野口英世とも似ています。
C もしものときの危機管理が大事という点では，福島の原発事故で学んだこととも共通しています。いろんなリスクを考えて回避している。
T 危機管理の点で，具体的にどんな共通点がありましたか？
C まさかのときにも対応できるようにいろいろ工夫をしています。
C イオンエンジンが異常停止したときのために，クロス回路を用意していました。事故につながるようなことは，未然にかなり防止できていた。
C どんな非常事態にも対応できるようにしていたから，「はやぶさ」は帰って来られたのだと思います。
T 技術革新でどのように多くの人々の役に立とうとしたのでしょうか？
C 國中教授は技術革新で世界をよりよくしようと思っていたから，最後まで頑張れたのだと思います。
C 國中教授は「技術革新で世界観を変える」といっている。太陽系の謎を解明し，新しいイオンエンジンをつくって，世界をよりよくしようとしていたのだと思います。
C 未来を自分たちの手でつくろうと考えることが大事だと思います。他の人の技術を真似するのではなく，独自のものをつくるところがすごい。

39 高学年

内容項目　B-(7)　親切, 思いやり

教材名　命のおにぎり

発問43　自分なら登場人物のようにしただろうか？

　本教材は, 2014年の福島市を襲った記録的な大雪でのエピソードです。トラック運転手の増子さんは大渋滞の中, 病気と闘っていました。意識が遠のいてきたとき, 温かいおにぎりの差し入れが入ります。そのおにぎりをつくって届けた人は, 東日本大震災で被災し, 仮設住宅に住んでいた飯舘村の住民たちでした。大渋滞に気づき, 震災の支援物資であるお米を使って約300個のおにぎりをつくり, 大雪の中, 一台一台の車に1個ずつ, 温かいおにぎりを配ったのです。

　自分が飯舘村の住民なら, そのようにしたでしょうか。あまりのインパクトにそう考えてしまうのは, 筆者だけでしょうか。

> 「問題解決的な学習」をつくるキー発問
> 　自分なら, 飯舘村の人たちのようにできただろうか？

　この究極的な問題状況においてこの発問をされると, 正直, 「できない」と答えてしまうかもしれません。しかし, 今の自分にはできないことだからこそ, 飯舘村の住民たちのしたことは, より偉大に思えてくるのです。そもそも飯舘村の人たちは, 生活に困窮している被災者です。その人たちが, どうしてこのような困った人たちを助けることができたのでしょうか。どんな思いで, おにぎりを握っていたのでしょうか。考えてみたいことが, 次から次へと湧き出てきます。

　感動的な行為をした登場人物を自分に引き寄せて考えるために, この発問によって, 「お互い様」の精神, 「人様のお役に立ててよかった」という考え方を深く学ぶことができるようにしたいところです。

実際の授業

教材をすべて読んだ後に，発問をする。

T　自分なら，飯舘村の人たちのようにできただろうか？
C　ちょっと難しいと思う。自分たちの食べる分がなくなるから。
C　自分たちも被災しているのに，大変じゃない。
C　自分たちも困っているのに，他の人たちを助けることなどできないよ。
C　助けてあげたい気持ちはあるけど，どうしたらいいかわからない。
C　正直なところ，自分たちの生活でいっぱいいっぱいだと思う。
T　もし自分がこのトラックの運転手だったらどうだろう？
C　何とか少しでも分けてほしい，助けてほしいと思うんじゃないかな。
C　この状況でおにぎりがもらえたら，嬉しくて涙が出ると思う。
C　仮設住宅に住んでいる避難民の方に，そんなお願いできないと思います。
C　そう考えると，飯舘村の方々は本当にすごいと思う。尊敬します。
T　飯舘村の人たちは，どうしてこんなすごいことができたのだろう？
C　渋滞で困っている人を何とか助けたいと思ったからできた。
C　自分たちも多くの人たちに助けられたという思いがあったから。
C　困ったときに助け合うことが，どれほど大切さなのか知っているから。
T　そこにはどんな心があったのだろうね？
C　「お互い様」の気持ちが強いんだと思う。なかなかそうは思えないけれど，飯舘村の人たちから学びたい。
C　「おもてなし」の心じゃないかな。
C　自分たちのできることで，人助けになれば嬉しいと思っている。
C　人は支え合って生きていることを理解し，その大切さを知っている。
C　人のために何かできないかという思いやりの心が行動を支えている。
C　温かい人の心が，温かいおにぎりをつくり出しているのだと思う。
C　思いやりのある人は，雪の中でも温かい。その温もりがおにぎりにも伝わっている気がする。

40 高学年

内容項目　B－(10)　友情，信頼

教材名　ロレンゾの友達

発問30　どれが最も納得できるか？

　本教材も定番教材です。ロレンゾの友達アンドレ，サバイユ，ニコライの3人は20年ぶりの再会を楽しみにしていますが，ロレンゾが警察から容疑をかけられていることを知ります。待ち合わせの場所にいきますが，3人の心中は穏やかではありません。

　3人は，ロレンゾがもし自分の家を訪ねてきたらどうするかを考えます。3人の対応はそれぞれ違うものの，友達であるロレンゾのことを真剣に考えたものです。その3人の考えの中で「どれが最も納得できるか？」という発問によって，自分の友情に対する考えを深めさせたいところです。

> **「問題解決的な学習」をつくるキー発問**
> 　誰の考えが最も納得できますか？

　ロレンゾが訪ねてきたときの対応は，次の3つです。アンドレはお金を持たせて，ロレンゾを黙って逃がす。サバイユは自首を勧めるが，ロレンゾが納得しない場合は逃がす。ニコライは自首を勧めるが，ロレンゾが納得しない場合はつき添う。それでもダメなときは，警察に知らせる。

　3人はどれも決めかねずにいるわけですが，授業ではこの三者の考えで「どれが最も納得できるか？」という発問をして3人の考えの共通点や相違点を踏まえ，「自分だったらどうするのか？」を深く考えさせることができます。

　この教材は，警察がロレンゾを誤認逮捕していたという結末であるため，「友達なら信じろ」という結論になりがちです。しかし，本来ならこの問題状況において友達ならどう振る舞うべきかをじっくり考えるべきでしょう。

実際の授業

教材の前半を読んだ後に, 発問をする。

T 3人の考えを教えてください。
C アンドレは, お金を持たせて黙って逃がす。
C サバイユは, 自首を勧めるものの, ロレンゾが納得しないときは逃がす。
C ニコライは, 自首を勧め, ロレンゾが納得しないときは一緒につき添い, それでもダメなときは, 警察に知らせる。
T 3人の考えをどう思いますか？ 違いは何かな？
C アンドレとサバイユは, ロレンゾを逃がすことを考えているけれど, ニコライは逃がすことを考えていない。
C 警察に知らせることは, 友達のロレンゾを裏切ることにならないか。
C ニコライは, 逃がしてやってもロレンゾのためにならないと考えている。
T **誰の考えが最も納得できますか？**
C 僕はニコライかな。逃がしても, ロレンゾが辛くなるだけだから。本当の友達だったら, きちんと罪を償わせるべき。
C でも, ロレンゾの立場に立つと, 友達に裏切られて悲しいのではないか。
C ロレンゾのことを思うと, やっぱりお金を持たせて逃がすと思う。
C アンドレの考えが, 自分は納得できます。友達だから逃がしてあげる。
C サバイユの考えもいい。ロレンゾを納得させて自首させようとする。このやり方が, 一番優しいと思う。
C 逃がすことが本当の友達のすることだとは思わない。
T 自分がロレンゾの友達だったらどうするだろう？
C 僕ならロレンゾに会って, じっくり話を聞いてから, どうするか考える。
C 本当にロレンゾが会社のお金を盗んだのなら, 警察に出頭して罪を償うべきだと思う。もし盗んでいないなら, 逃がしてあげてもいいかも。
C ロレンゾが盗んでいないとしても, ニコライのように出頭を勧めてつき添ってあげた方がいい。本当の友達なら正しい方に友達を導くべきだ。

41 高学年

内容項目　B-(10)　友情, 信頼

教材名　ミレーとルソー

発問31　本当にそれでいいのか？

　本教材は, 互いの才能を認め合う親友の話です。絵が売れず貧乏暮らしのミレーを, 友達のルソーが励まし支え続けます。ある冬の日, ルソーは嘘をついてミレーの絵を高価で買い取ります。何も知らないミレーは大喜びをしますが, 数年後, 病床のルソーのお見舞いにいったミレーは, その寝室で自分の絵を目の当たりにし, すべてを察して涙を流すという話です。

　そもそも, 友情とは信頼関係の上に成り立っています。それゆえ, 嘘で信頼を築き上げることはできません。ところが, この話はどうでしょう。嘘をついてよいのでしょうか。本当にそれでよかったのかと問いたくなる話です。

> **「問題解決的な学習」をつくるキー発問**
> 　ルソーがしたことは, 本当にそれでよかったのかな？

　この発問をされると, 「友達に嘘をついてもよいのか？」という問題に直面します。本当のことをいった方がよかったのではないでしょうか。その方がよりよい友人関係を築くことができたのではないでしょうか。本当にいろいろなことを考えてしまいます。それほどに力のある発問です。

　筆者個人としては, この話の場合, 「それでよい」と答えてしまうかもしれません。ここでの「それでよい」というのは, 「嘘をついてよい」といっているわけではなく, 「よい嘘をつくのはよい」といっているのです。ルソーがついた嘘は, ミレーのことを本気で考え, 信頼を築くことができる嘘であるため, それはそれでよいのではないでしょうか。

　どちらにせよ, 「友情とは何か？」「信頼とは何か？」を深く考えさせることができる発問なのです。

実際の授業

　教材をすべて読んだ後に，発問をする。
T　ルソーがミレーの絵を買ってあげたことをどう思いますか？
C　よかったと思う。友達のミレーのことを思ったことだから。
C　え，私はよくないと思う。
T　意見が分かれるようですね。それぞれ意見を聞かせてください。
C　私はよくないと思います。どんな嘘でも，ついてはいけないからです。
C　僕もそう思います。本当の友達なら，嘘なんかつかないと思う。
C　いやいや，逆でしょう。本当の友達だから，嘘をついたんだよ。
C　そうそう，本気でミレーを支えたいから，ルソーは嘘をついたんだ。
C　いい嘘だから，ミレーもわかってくれると思う。
T　「いい嘘」とは何ですか？
C　相手のためを思ってつく嘘です。「嘘も方便」っていうじゃないですか。
C　そうかな，僕はいかなる嘘もいけないと思う。だって，僕がミレーだったら，ルソーが買ったことを知ったらショックを受けるから。
C　私も「なんで本当のことをいってくれなかったの？」と責めちゃうかも。
C　僕も嘘だとわかったら，親友だからこそショックを受けると思う。
C　だから，最後にミレーは残念で泣いたんだ。やっぱり嘘はいけないよ。
C　ルソーは後でバレないように，本当のことをいうべきだったと思います。
T　ルソーがしたことは，本当にそれでよかったのかな？
C　私は違うと思う。この涙は，ルソーの思いに感動している涙だと思うよ。嘘をつかれて，悔しくて泣いたわけじゃないと思う。
C　僕もそう思います。ルソーの深い友情を感じ取ったんだと思います。
C　そのどちらでもないかも。嬉しかったのもあるし，悲しかったのもある。
C　ミレーの涙の意味は，いろいろな思いが詰まっていると思うけれど，ルソーへの友情を確かめた証だと思います。
C　自分も，本気で考え合える真の友達をたくさんつくっていきたいです。

42 高学年

内容項目　B-(11)　相互理解，寛容

教材名　ブランコ乗りとピエロ

発問3　この問題でどんな考えが対立しているか？

　本教材は，「私たちの道徳」にも掲載されている定番教材です。ブランコ乗りのサムとピエロの2人が対立しながらも，互いに理解し合っていく心温まる話です。多くの人とともに生活していれば，意見の対立は日常茶飯事です。人の考えていることは，人それぞれです。だからこそ，考えの対立は自然に起きる問題です。

　この発問で大切なのは，葛藤の構造を明らかにし，その対立する考えをどのように変化させれば，互いに理解し合えるかを見抜くことです。対立の解決を図りながら，自分と異なる意見や立場を尊重できる広い心，謙虚な心を醸成できるようにしたいところです。

> 「問題解決的な学習」をつくるキー発問
> 　この問題でどんな考えが対立していますか？

　サムとピエロは，出演時間についてお互いに対立します。この問題でサムは，自分はサーカスのスターなのだから目立って何が悪いという考え方をし，一方のピエロは，団員をまとめるリーダーであるため，一人だけ目立ってほしくないという考え方をしています。この対立は，サーカスのスターが自分であるという利権争いの問題にも置き換えられるので，複雑な面もあります。

　この発問で重要なのは，ただ葛藤の対立構造を見いだすだけでなく，どうすれば解決につなげられるかです。全力で演技をしているサムを見たピエロは，サーカスへの熱い思いが同じであることに気づきます。サムの方も，ピエロの立場を理解すれば，自分の身勝手さに気づくようになります。両方の立場を理解することで，寛容さが生じていき，対立も解消していきます。

実際の授業

教材の前半を読んだ後に，発問をする。

T この問題でどんな考えが対立していますか？
C サーカスに出る時間について，サムとピエロが対立している。
C サムは，自分はサーカスのスターなのだから，目立って何が悪いという考え方をしている。ピエロは皆でやりたいと思っている。
C どちらがサーカス団のスターかというプライドの対立もある。
C ピエロは団のリーダーだから，サムの個人行動が許せないのだと思う。
C サムは，自分が目立った方が団のためになっていると思っている。
C ピエロは，大王アキレスの前で自分だけいい格好をするサムを許せない。
C サムは，ピエロの説教が聞きたくない。だからお互いに対立している。
T どうすればこの対立を解決できるだろう？
C サムがわがままをとめればいい。ピエロのいう通りにしないと。
C ピエロもサムのいい分を理解してあげた方がいいと思う。

教材をすべて読んだ後に，発問をする。

T 対立していた問題が解決したのは，なぜだろう？
C サムが力いっぱい演技しているから，観客の心を打つということを認めたのだと思う。だから，ピエロはサムを許せたのだと思う。
C サムのことを深く理解した。同じサーカス団員として尊敬したと思う。
C サムもピエロのリーダーとしての立場を理解したのではないか。どちらがスターかより，サーカスを盛り立てようという気持ちが強まった。
T 今後の生活でどうしていきたいですか？
C お互いに認め合える人がいて，羨ましい。そんな人を見つけたい。
C 憎むのではなく，認め合う。そのためには広い心をもたないといけない。
C 人と対立したときは，相手のいい分をよく聞いて，わかり合えるようにしたい。許し合うことが大事だと思います。
C 意見が合わずに対立したら，相手が何を伝えたいのか考えた方がいい。

43 高学年
内容項目　C－(12)　規則の尊重

教材名　いらなくなったきまり

発問20　現実的にそれはできるか？　それで本当にうまくいくか？

　本教材では，学級文庫の使い方について話し合いが行われます。話し合いでは，自由に読める学級文庫にきまりやルールをつくるかどうかが論点となります。話し合いは平行線のまま終わってしまいます。しかし，次の日から学級文庫への意識が高まり，自分たちでよりよい運営ができるようになります。最終的には，きまりがいらなくなるという話です。

　きまりがいらなくなるという理想的な話ですが，現実的にそれはできるのでしょうか。きまりをなくすという理想を実現させるためには，何が大切なのかを批判的，現実的にも考えさせたいところです。

> 「問題解決的な学習」をつくるキー発問
> 　現実的にそれはできるだろうか？

　私たちの世界は，法律をはじめ，きまりやルールが多く存在します。それがなくなれば，自由で気楽にすごせますが，逆に弊害も生じてくるでしょう。そこで，この発問では，現実的にはできないかもしれませんが，理想に向けてどのような生き方がよりよいのかを考えさせることができます。

　私たちは，互いを管理・統制しようとするとき，すぐにきまりやルールをつくろうとします。しかし，本来，きまりやルールは自分たちの生活を守るためにあるもので，自由と表裏一体でもあります。だから，規則やきまりの本当の意義を理解させる必要があるのです。

　「現実的にそれはできるか（きまりをなくすことはできるか）？」という批判的な発問によって，より冷静に分析できるようにします。きまりやルールの意味を再考し，必要な場合は改変できるようにしたいものです。

実際の授業

　教材の前半（学級文庫の本がなくなって困る場面）を読んで，発問をする。
- T　学級文庫の本がなくなってしまう場合，どうしたらいいだろうか？
- C　借りたらすぐ返すなど，一人ひとりが気をつければいい。
- C　貸出カードをつくって，図書係が管理すればいい。
- C　学級文庫の貸し出しを一切やめればいい。先生に管理してもらう。
- T　**現実的にそれはできるだろうか？**
- C　すぐ返すのは，難しいと思う。家で読みたい本もあるし…。
- C　このままではダメだから，きまりやルールをつくるべきだと思う。
- C　きまりをつくって，守らない人には厳しい罰則をつければいい。
- C　でも，それだと借りたくなくなるよ。不自由になると思う。
- C　どちらにしても難しい問題だね。

　教材を読んできまりをなくす解決策を確認した後に，発問をする。
- T　現実的にきまりをなくすことはできるだろうか？
- C　きまりやルールがなかったら，もっとひどくなると思います。きまりがないのは，気楽だし理想的だけど，そんな学級はまれだと思う。
- C　一人ひとりの意識が高いのだと思う。よりよくしていこうという気持ちが強いから，きまりやルールで縛られない。
- C　すごい学級の仲間だと思う。いいことがどんどん広がっていけば，きまりやルールは必要ないのだと思います。
- C　自分たちで学級文庫を大切にしたいという思いがあれば，余計なきまりはいらないのだと思う。
- T　私たちの学級にあるきまりやルールはどうだろう？
- C　僕たちの生活もきまりやルールをつくりすぎて，窮屈になっています。
- C　でも，ルールは本当は皆が気持ちよくすごすために大切なことです。
- C　もう一度，きまりやルールをなくせないか，洗い直した方がいい。
- C　皆の心にきまりやルールがきちんとあれば，なくすことは可能かも。

44 高学年
内容項目　C-(12)　規則の尊重

教材名　図書館はだれのもの

発問34　その考えに課題（改善点，よくなるところ）はないか？

　土曜日の午後，市立図書館に学級新聞づくりに来た小学生のグループに起きた話です。図書館にはたくさんの資料があり，新聞づくりの議論が活発となります。そのとき，近くで勉強していた大学生に，静かにするようにきつく注意されます。その場は謝るものの，帰り道で文句をいい合います。しかし，主人公のわたしはすっきりしない気持ちが残るという話です。

　ここで，子どもたちの文句について「その考えに課題はないか？」と発問することで，図書館などの公共施設ではマナーや礼儀が必要であり，皆が気持ちよくすごすために守らなければならないことを考えさせたいところです。

> 「問題解決的な学習」をつくるキー発問
> 　子どもたちの考えに改善すべき点はありませんか？

　図書館の帰りに子どもたちがいっている不満は，すべて改善の余地があります。その考え方は，一方的で自分勝手だからです。大学生のいい方は別として，図書館で静かにすごすことは常識です。それは，皆が図書館を気持ちよく利用するためのルールです。自分たちは勉強をしているのだから話をしてもよいという考えは，自分勝手です。そこで，こうした自分たちの考えに改善点を見つけ，利用者のマナーを高める手立てを考えられるようにしたいところです。

　「その考えに改善点はないか？」を問うことにより，主人公が納得できないわけを考えることができます。その改善すべき課題を解決することによって，きまりを大切にすることで互いの権利も尊重し合えることを理解できるようにしたいものです。

実際の授業

教材をすべて読んだ後に，発問をする。

T　ここでは何が問題になっていますか？
C　大学生が小学生のグループに注意してきたこと。
C　静かにするようにいうのはよいとして，いい方に問題があります。
C　まじめに勉強しているのだから，きつくいわなくてもいいと思います。
T　**子どもたちの考えに改善すべき点はありませんか？**
C　図書館なんだから，どんな理由があっても騒いではいけないと思います。
C　皆に迷惑をかけなければ，何をしてもよいというのはおかしい。
C　勉強だから騒がしくしてもいいなんてルールはない。
C　大学生の人は，よっぽどうるさかったからいったのだと思う。
C　お互いに気持ちよく図書館を使えていない。
C　図書館の約束が守れないのに，使ってよい権利はない。
C　使っていい権利のある人は，約束をしっかり守れる人だと思う。
C　きまりを守れない人に権利なんてない。
C　自分勝手にすごしておいて，権利を主張するのはおかしい。
T　こんなとき，どうしたらよかったと思いますか？
C　図書館のきまりやルールを守ったうえで，自分たちのやるべきことをやった方がいいと思う。
C　グループ室など個室を使えば，よかったと思います。
C　グループ室がない図書館もあると思います。グループ室が空いてないこともあるし…。
C　資料を全部借りて，話ができるスペースに移ればよかったと思う。
T　これからどんなことに気をつけたいですか？
C　公共の場では皆が気持ちよくすごせるように，きまりを大切にしたい。
C　お互いの権利を認め合えるように，自分もルールを守りたい。
C　皆できまりを守って，すごしやすい社会をつくりたい。

45 高学年

内容項目　C-(13)　公正，公平，社会正義

教材名　「スイミー作戦」「ガンジー作戦」

発問35　別の（他に）考えはないか？

　本教材は，いじめをテーマにした話です。登場人物である憲二と良夫は，自分たちにつけられたあだ名がとても嫌でした。そこから，自分たちの周りでも，何気ない言葉（あだ名など）が本人を傷つけることがあることに気づきます。学校の帰り道に2人が考えるスイミー作戦とガンジー作戦は，これからいじめと立ち向かう場合のモデルとなります。

　いじめ問題を解決するためには，様々なモデルを考え，いじめの芽を摘んでいくことが求められます。そのため，スイミー作戦やガンジー作戦の他にも作戦がないかを考えさせることは意義深いです。問題解決では，常に別の考えもないか問い続けたいところです。

> 「問題解決的な学習」をつくるキー発問
> 　スイミー作戦やガンジー作戦とは別の考え（作戦）はないだろうか？

　「特別の教科　道徳」では，今日的な課題を解決することが求められています。いじめ問題もその一つです。深刻な問題にもなるいじめを解決・解消するために，どうしたらよいかを具体的に考えることになります。

　展開では，具体的な解決策として示されたスイミー作戦やガンジー作戦を検討します。これだけでは現実離れしているところがあるので，その他にも様々な作戦を考えさせます。つまり，「別の考えはないだろうか？」と発問することで，多種多様化するいじめ問題に対応できる様々な方策を考えさせます。

　こうしていじめ問題を多面的・多角的に捉えたうえで，すべての作戦を遂行するためには一人ひとりに何が必要かを現実的に考えさせたいところです。

実際の授業

教材をすべて読んだ後に，それぞれの作戦のよさを問う。
T　スイミー作戦とガンジー作戦のよさを考えましょう。スイミー作戦から。
C　いじめが嫌な人が集まって，皆で協力するところ。
C　力を合わせて，いじめをなくそうとするところ。
T　次に，ガンジー作戦はどうかな？
C　嫌なことは嫌だとはっきりと伝えるところ。
C　暴力はしないで，いじめをなくそうとするところ。
T　スイミー作戦やガンジー作戦でいじめはなくなるだろうか？
C　現実的には無理だと思う。スイミーのように皆で団結しても，いじめる者の方が強い場合がある。
C　ガンジー作戦も非暴力主義は立派だけど，実際はいじめの暴力に太刀打ちできないと思う。
T　スイミー作戦やガンジー作戦とは別の考え（作戦）はないだろうか？
C　声をかけ合い，一人ぼっちをつくらない作戦。先生にも協力してもらう。
C　楽しいイベントでいじめをなくす作戦。皆で合唱するとか。
C　皆がヒーロー大作戦。誰かが困っていたら，すぐ助けにいけばいい。
C　桃太郎作戦とかライオンキング作戦でもいいよね。
C　心をつないで，クラスを一つにしたいので，おにぎり作戦。
T　どの作戦においても，それを実行するとき大事になるのは何かな？
C　絶対にいじめをなくそうと思う心が大事。
C　友達を変な目で見たり，仲間外れにしないようにしたりする心。
C　間違ったことは，間違えているといえる力が必要。
C　どんな人にでも，平等に接することが大事だと思います。
C　何より人を優しく思う，思いやりの心が大切だと思います。
C　でも，優しいだけではなく，強さも必要だと思う。
C　そうそう，ダメなことはダメだといえないとね。正義を貫くんだよ。

46 高学年

内容項目　C－(17)　伝統と文化の尊重，国や郷土を愛する態度

教材名　米百俵

発問32　その考えは本当に正しいのか？

　本教材は，明治維新時の話です。財政が苦しかった長岡藩に三根山藩から見舞いとして，米百俵が送られました。藩の誰もが，このお米をすぐ分配することを考えていましたが，小林虎三郎だけは違っていました。米を売って学校を建てるというのです。当然，この考えには異論・反論が相次ぎます。しかし，虎三郎は，教育こそ未来への投資と考えたのです。自分も長岡藩の一人になって，それが本当に正しい考えかどうかを考えたいものです。

> 「問題解決的な学習」をつくるキー発問
> 　虎三郎の考えは，本当に正しいのでしょうか？

　この発問一つで，子どもたちも長岡藩の一人になり，虎三郎と藩士たちとの熱い議論に加わることができます。当事者として最終決断できるようにしたいところです。

　虎三郎の考えは，本当に正しいのでしょうか。まずはお米を分配し，貧しさを回避すべきではないでしょうか。学校を建てている余裕などあるのでしょうか。様々な考えが，議論の対象になるでしょう。

　しかし，ここで最も考えたいことは，虎三郎がどれほど長岡のことを考えているかという点です。自分も含め，貧しいとき，人は食べ物を欲します。それは当たり前のことですが，そうなった原因や要因を冷静に分析し，これからの長岡のことを考える虎三郎の郷土への深い愛情は，計り知れません。

　つまり，虎三郎が学校を建てるといった背景を深く考え，この考えが本当に正しいかどうかを皆で考え，議論することが大事です。そこから，郷土を愛するゆえの英断が見てとれるようになります。

実際の授業

教材をすべて読んだ後に, 発問をする。

T　**虎三郎の考えは, 本当に正しいのでしょうか？**
C　正しいかどうかと聞かれると, 困るな。
C　お腹がすいていたら, 食べるお米がほしいと思う。
C　お米をもらったら, そのまま配るのが正しいのではないか。
C　自分が長岡藩の人々だったら, やっぱりお米がほしいというと思う。
C　それに, 三根山藩の人も怒らないかな。「お米をお金にして学校を建てました」といったら。「食べ物はいらない」ということにならないかな。
C　学校を建てるのは, お腹を膨らませてからでいいんじゃないかな。
T　虎三郎の考えが正しいと思う人はいますか？
C　私は正しいと思います。藩が困っているから将来を考えたんだと思う。
C　虎三郎は今ではなく, これから先のことを考えたんだよ。そこがすごい。
C　目先のことではなく, 将来の長岡のことを考えたのだと思います。
C　たぶん, 誰よりも長岡のことを考えていると思う。
C　確かに, 他の人たちとの違いはそこかもしれない。
T　虎三郎の考えが正しくないと思う人は, 今の意見をどう思いますか？
C　順序が違うよ。まず, 米を食べて元気を出して, それから学校を建てる。
C　今まではそうだったんだよ。でも, それじゃいつまでも学校は建たない。
C　一刻も早く人を育てたい, それが長岡のためだと信じていたのだと思う。
C　やっぱり, 虎三郎ほど長岡のこれからを考えている人はいないようだね。
C　だから, 話を聞いた人たちも理解してくれたのだと思う。
T　虎三郎の何が反対者を納得させたのだろう？
C　長岡を本当に優れた藩にしたいという思いが人を動かしたんだと思う。
C　自分にもそんな郷土愛があれば, もっと町をよくできるかも。
C　私は, この町が大好きだから, 愛はあります。
C　僕も虎三郎みたいに, この町をもっともっといい町にするぞ。

47 高学年

内容項目　C－(18)　国際理解，国際親善

教材名　青い目の人形

発問6　問題の中に何かよいところはないか？

　青い目の人形は，日本とアメリカの友情の架け橋として，昭和2年に日本中の小学校，幼稚園に贈られました。両国の子どもたちは，人形を通して友情を深めることができました。しかし，戦争によって青い目の人形は，竹やりでついたり，燃やしたりして処分されることになりました。こうした状況で，人形への愛着，子ども同士の友情，そして人形に罪はないという教師の考えから，青い目の人形を気球に乗せて母国に帰そうと提案します。

　この話自体は，戦時中に青い目の人形を処分するという重苦しい問題を含んでいますが，そこに登場する人物たちは温かい心で対応をあれこれ考えています。こうした問題に内在するよいところ（人間のよさ）を考えさせるために，「問題の中に何かよいところはないか？」と発問します。

「問題解決的な学習」をつくるキー発問
こうした事態で，何かよいところはありませんでしたか？

　青い目の人形を処分するという残酷な処分は，気球に乗せて母国に帰すという処分に改善されています。そのよいところ（改善の余地）を生み出したのは，子どもたちの心です。その心とは，人形を通して育んだアメリカへの愛着です。戦争している国であっても，アメリカ（青い目）の人形を大切にすることで，アメリカの人々とつながり，親しくしたいという子どもたちや教師の国際親善の態度を考えたいところです。

　戦時中に処分命令が出たにもかかわらず，同じような思いから処分されなかった人形が334体も残っていることや，アメリカに贈られた日本人形も残されている事実からも，処分問題の中にある国際親善のよさが感じ取れます。

実際の授業

教材をすべて読んだ後に，発問をする。
T 処分を命じられたとき，どうすればよかったと思いますか？
C 戦争だから仕方ないと思います。
C 命令に逆らったら，非国民扱いされると思います。
C でも，人形がかわいそう。別に戦争と人形は関係ないのに。
C 何とか助けてあげたいよね。人形が悪いわけじゃないから。
T **こうした事態で，何かよいところはありませんでしたか？**
C 竹やりでついたり，燃やしたりする処分ではなくてよかった。
C 気球で飛ばそうというアイデアは，とてもよい。
C 戦争はしていても，子どもたちは相手を憎んでないところがいい。
C 青い目の人形をアメリカの子どもたちの友情の証だと思って，大切にしている人たちがいたところがすてきだと思います。
C 日本人は人形を大切にする優しい心があったところです。アメリカの人形でも守ってあげたいと思っている人がたくさんいました。
C どんな国の人やものにも優しくできることが，日本人のよさだと思うよ。
C 私もそう思います。「おもてなし」という言葉があるように，人との和を大切にできるのが，日本人だと思います。
T 本当ならどうしたらよかったと思いますか？
C すべての人形を気球で飛ばして，故郷に帰してあげられたらよかった。
C それでも，334体の人形が守られていたことは，本当にすごいと思う。日本人は優しいと思う。
C 日本人形もアメリカで47体も残っていたのは，すばらしいと思う。
T これからどうしたいと思いますか？
C もうすぐオリンピックもあるから，いろいろな国のよさを見つけたい。
C どの国も，日本やアメリカみたいによいところがたくさんあると思う。
C 世界の人たちとどんどん仲よくなって，世界を平和にしたいな。

48 高学年

内容項目　D－(19)　生命の尊さ

教材名　妹の手紙

発問46　道徳的価値とは何か？

　本教材は，病弱な妹が星野富弘さんの絵や詩に出会い，生きる希望を見つけていく話です。

　喘息で入退院を繰り返す妹を励まそうと星野富弘さんの展覧会に出かけます。そこで，星野さんの生き方にふれます。星野さんは，体に障害を抱えつつも，口で筆をとり，絵や詩を書き続けています。そのたくましい生き方，生命の使い方に感銘を受けます。そして，自分の生き方，生命の尊さを考え直し，たくましく生きていこうとする話です。

　妹の変容に注目しつつ，妹が手紙で伝えてきた生命に対する考え方を共感できるようにしたいところです。

> **「問題解決的な学習」をつくるキー発問**
> 　生命（の尊さ）とは，何だと思いますか？

　生命尊重のような広く深いテーマは，子どもたちにそのまま問いかけていきたいところです。とりわけ，「生命（の尊さ）とは何か？」という問いは，子どもか大人かに関係なく熟考することができるテーマでもあります。

　ただ，この広く深いテーマには，必ず視点がいります。そうしないと漠然と考え，何の学びにもならないからです。生命の尊さには，唯一性，有限性，連続性，関係性など多面的・多角的に考えるべき視点があります。小学生の場合は，特に連続性や関係性が大切です。

　生命は尊いです。それだけなら当たり前ですが，様々な視点から捉え直し，整理し，今の自分の生命を輝かせようとすることが大切です。こうした授業を展開するためにも，ストレートに価値を尋ねるこの発問は有効です。

実際の授業

教材をすべて読んだ後に，発問をする。
T どうして病弱な妹は変わったのだろうね。
C 星野さんの絵や詩に出会えたからだと思う。
C 星野さんから生き方を学んだのだと思う。
C 星野さんの生き方はすごい。自分にはできないかもしれない。
C 自分は自由に手や足が自由に動かせるのだから，もっといろんなことができると思えてきた。
C 手紙にも書いてあるけど，気持ちが前向きになったんじゃないかな。
C そうそう，命はかけがえのないものだから，頑張ろうって思えてきた。
C 自分が生まれたことに感謝し，命を大切にしようと思った。
C 妹もこれから全力で生きていこうと思ったんだと思います。
T **生命（の尊さ）とは，何だと思いますか？**
C 生命とは，よりよく生きようとするエネルギーだと思う。星野さんのように，よい方向に向けると，すごい力になる。
C 生命とは，一人一つしかない，本当にかけがえのないもの。
C 生命とは，自分だけのものではなく，多くの人に支えられているもの。だから，私も多くの人の命を支えたい。
C 生命とは，次の生命につながっていくもの。だから無駄にできない。
C 生命は，生きて伸びる力。だから，「い・の・ち」だよ。
C 生命は，皆同じようにあり，重いもの。だから，どんな生命だって粗末にしないで，大切にしないといけない。
T これからどのように生きていきたいですか？
C 星野さんにならって，私もどんなことがあってもその時々でたくましく生きていきたい。それが生命を大切にすることになるから。
C 生命を受けたことや親に感謝しながら，いきいきと生きていきたい。自分の命も皆の命もつながっている気がするから，大事にしたい。

49 高学年

内容項目　D-(22)　よりよく生きる喜び

教材名　六千人の命のビザ（杉原千畝）

発問11　人間としてどうしたらよいか？

　杉原千畝がユダヤ人難民の命を救うために，外務省の訓令に反してビザを出すかどうかを悩むという話です。そして，「自分ならビザを発行するか？」について考えます。子どもたちは，自分なりに考えた理由とともに，「発行する」「発行しない」「誰かに相談する」などと述べます。ここでは，無理に結論を出す必要はありません。

　千畝がビザを発行するときに，いかに切羽詰まった状況であったか，自分の外交官としての立場や，彼や彼の家族の命が危険にさらされるかもしれないことを熟考したうえでの判断であったことも確認したいところです。そして，「人間としてどうしたらよいか？」を人道的な立場で熟考できるようにします。授業を通して，千畝が国境を越えて難民の命を大切にした勇気ある行動の意義を深く考えられるようにしたいところです。

> 「問題解決的な学習」をつくるキー発問
> 　人間としてどうあるべきだろうか？

　千畝の精神的な葛藤を追体験し，自分ならその歴史的舞台でどう判断するかを考えるようにします。子どもたちはこの究極の選択について，ビザを出す方と出さない方の半々に分かれる傾向があります。そこで，「人間としてどうしたらよいか？」を議論します。

　歴史的背景や政治的状況も踏まえて多面的・多角的に考えることで，社会科や総合的な学習にも発展していきます。晩年の千畝が「人として当然のことをしたまでです」と語った意味も考えるとより深まります。人道的な配慮に感動するとともに，今後の探究学習にもつながるようにしたいところです。

実際の授業

千畝が迷っている場面まで教材を読んだ後，発問をする。

T 千畝はどのようなことで悩んでいるのだろう？
C ユダヤ人を助けるために，外務省の訓令に反してビザを発行すべきか，訓令にしたがってビザを発行しないべきかで悩んでいる。
T 自分が千畝の立場ならどうするだろうか？
C1案 **ビザを発行する（15名）**：「人として命を助けたい」「仕事より命は大切だ」
C2案 **ビザを発行しない（16名）**：「外交官として外務省の命令にしたがうべきだ」「家族や自分の命が危険だから」「外国の難民のためにそこまでする勇気がない」
T ビザを発行すると答えた子たちに聞きます。命令に背いたら罰則を受けるかもしれないし，自分や家族の命が脅かされるかもしれないけれど，それでもいいですか？
C 罰を受けるのは仕方ないけれど，家族の命が脅かされるのは困るな。
T ビザを発行しないと答えた子たちに聞きます。発行しないことで，ユダヤ人の命が奪われるかもしれませんが，それでもいいのですか？
C 少しでも犠牲者が出ないようにしたいけれど，個人の力には限界がある。
C 外務省に難民のつらい状況をきちんと伝えた方がいい。
T **人間としてどうあるべきだろうか？**
C ぎりぎりまでビザを出して，身に危険を感じたら脱出したらいい。

千畝がビザを出し続けたことを理解した後，発問をする。

T なぜ知畝はビザを発行したのだろう？
C 多くのユダヤ人難民の命を救うために英断したのだと思う。
C 自分の命や職業よりも人道的な配慮を優先したのではないか。
T 晩年，千畝は「人間として当然のことをしたまでです」と語っています。
C 人間としてよりよく生きるためには，相当な覚悟が必要なのだと思う。

50 高学年
内容項目　D−(22)　よりよく生きる喜び

教材名　わたしはひろがる

発問21　もし（望ましいことが）できたら，どうなるか？

　本教材で学ぶ内容項目は，よくよく生きる喜びです。この内容項目は，高学年にしかない項目で，人間としての生き方を大くくりで考える内容です。そのため，この教材自体に人としての広がりをもたせる壮大な雰囲気があります。それが教材の魅力となり，子どもたちに考えさせたいポイントなっています。

　人は自己中心的に生きがちです。それは当たり前のことですが，親兄弟，友人，世界中の人々，様々な人とともに生きていることを忘れてはいけません。自分はたった一人ですが，自分の胸の中には多くの人がいることを忘れずに自分の生き方を広げていくことが，よりよく生きる喜びになることを考えさせたいものです。

> 「問題解決的な学習」をつくるキー発問
> 　もし私たちがもっと広がることができたら，どうなるだろう？

　この教材では，まず，どうして広げることができるのかという発問をしたいです。それは，自分の生き方の拡充が，広げることにあることを自覚させたいからです。今まで生きた自分の人生も，様々なものを心に受け入れながら，広げてきたのだという実感をさせたいのです。

　そのうえで，「もしできたら，どうなるか（もっと広げることができれば，どんな人間になれるか）？」という発問をして，人間的成長を考えさせたいところです。そして，それこそ豊かに生きることであることを理解させたいのです。小学生であっても，卒業という節目を迎える一人の人間として，これからの人生について深く考えさせることは意義深いです。

実際の授業

教材をすべて読んだ後に、発問をする。
T どうしたら広がることができるだろう？
C 心を開いて、人とつながればいいと思う。
C 考えを広くすれば、私の可能性も広がるのだと思う。
C 自分のことだけではなく、相手のことを考えようとすることが大事。
C 相手のことを自分と重ねて考えることができるようにする。
C いつでも何のためにそれをやるのかと理由を考えて行動したらよい。
C どうしてだろう、なんでだろうという疑問が他人事じゃなくなってくることが大切だと思う。
C 人のために自分は何ができるのかと考えるようにしたらいい。
C この世に生きているのは、自分だけじゃないと思うから広げようとするのだと思う。
T **もし私たちがもっと広がることができたら、どうなるだろう？**
C どんどん広げていけば、自分をもっと成長させることができると思う。
C いろいろな問題について考えていける人になると思う。
C 自分のできることを全力でやれる人になれると思う。
C いろんな困難を真剣に考えて乗り越えられる人になると思う。
C 困っている人やつらい人のことを本当に思いやれる人になると思う。
T 今日の授業でどのようなことを考えましたか？
C 自分のためだけでなく、人のために強さと優しさをもった人間になりたいと思いました。そのためには、自分が広がっていかないと。
C いろいろな人とかかわることで、私の心の中が大きく成長するのだと思います。人との出会いが大事だと思いました。
C 世界を変える人になりたいと思いました。ビッグになりたいです。
C 自分が広がっていくことで、生き方をよりよくしていきたい。少しでもすばらしい生き方ができるように、夢をもちたい。

教材一覧

01 「くまさんのおちゃかい」(教育出版『はばたこう明日へ』1年)
02 「お月さまとコロ」(日本文教出版『生きる力』2年)
03 「教えていいのかな」(教育出版『はばたこう明日へ』2年)
04 「かぼちゃのつる」(教育出版『はばたこう明日へ』1年)
05 「はしの上のおおかみ」(教育出版『はばたこう明日へ』1年)
06 「ぐみの木と小鳥」(光文書院『ゆたかな心』2年)
07 「ありがとうはだれがいう?」(教育出版『はばたこう明日へ』2年)
08 「二わのことり」(光文書院『ゆたかな心』1年)
09 「泣いた赤おに」(学校図書副読本『かがやけみらい』2年)
10 「およげないりすさん」(教育出版『はばたこう明日へ』2年)
11 「モムンとヘーテ」(光文書院『ゆたかな心』2年)
12 「きいろいベンチ」(教育出版『はばたこう明日へ』1年)
13 「たっくんもいっしょに」(教育出版『はばたこう明日へ』2年)
14 「わたしたちもしごとをしたい」(光文書院『ゆたかな心』2年)
15 「ぼくのまちも,ひかってる!」(光文書院『ゆたかな心』2年)
16 「虫が大すき(アンリ・ファーブル)」(教育出版『はばたこう明日へ』2年)
17 「よわむし太郎」(教育出版『はばたこう明日へ』3年)
18 「まどガラスと魚」(教育出版『はばたこう明日へ』3年)
19 「太郎のいどう教室」(光文書院『ゆたかな心』3年)
20 「ロバを売りに行く親子」(教育出版『はばたこう明日へ』3年)
21 「わたしのゆめ」(光文書院『ゆたかな心』4年)
22 「ぼくらは小さなかにはかせ」(光文書院『ゆたかな心』3年)
23 「心と心のあく手」(教育出版『はばたこう明日へ』4年)
24 「三本のかさ」(教育出版『はばたこう明日へ』3年)
25 「絵はがきと切手」(教育出版『はばたこう明日へ』4年)

26 「友だち屋」（光文書院『ゆたかな心』3年）
27 「雨のバス停りゅう所で」（教育出版『はばたこう明日へ』4年）
28 「プロレスごっこ」（教育出版『はばたこう明日へ』4年）
29 「お母さんのせいきゅう書」（光文書院『ゆたかな心』4年）
30 「えがおいっぱい」（教育出版『はばたこう明日へ』3年）
31 「いつかオーストラリアへ」（教育出版『はばたこう明日へ』3年）
32 「五百人からもらった命」（光文書院『ゆたかな心』4年）
33 「花さき山」（教育出版『はばたこう明日へ』3年）
34 「心の管理人」（光文書院『ゆたかな心』5年）
35 「手品師」（教育出版『はばたこう明日へ』6年）
36 「夢に向かって―三浦雄一郎―」（光文書院『ゆたかな心』6年）
37 「鑑真和上」（光文書院『ゆたかな心』6年）
38 「帰ってきた，はやぶさ」（光文書院『ゆたかな心』5年）
39 「命のおにぎり」（光文書院『ゆたかな心』6年）
40 「ロレンゾの友達」（教育出版『はばたこう明日へ』5年）
41 「ミレーとルソー」（光文書院『ゆたかな心』5年）
42 「ブランコ乗りとピエロ」（光文書院『ゆたかな心』6年）
43 「いらなくなったきまり」（光文書院『ゆたかな心』6年）
44 「図書館はだれのもの」（教育出版『はばたこう明日へ』5年）
45 「『スイミー作戦』『ガンジー作戦』」（光文書院『ゆたかな心』5年）
46 「米百俵」（教育出版『はばたこう明日へ』6年）
47 「青い目の人形」（教育出版『はばたこう明日へ』5年）
48 「妹の手紙」（光文書院『ゆたかな心』5年）
49 「六千人の命のビザ（杉原千畝）」（教育出版『はばたこう明日へ』6年）
50 「わたしはひろがる」（光文書院『ゆたかな心』6年）

※（　）内の教科書は一例であり，複数の教科書に掲載されている教材もあります。

【著者紹介】

柳沼　良太（やぎぬま　りょうた）
早稲田大学大学院文学研究科博士後期課程修了，博士（文学）。早稲田大学文学部助手，山形短期大学専任講師を経て，現在，岐阜大学大学院教育学研究科准教授。中央教育審議会道徳教育専門部会委員，学習指導要領解説特別の教科　道徳編作成協力者，日本道徳教育学会理事。著書に『問題解決的な学習で創る道徳授業　超入門―「読む道徳」から「考え，議論する道徳」へ』（明治図書，2016年），編著書に柳沼良太・山田誠『小学校　問題解決的な学習で創る道徳授業パーフェクトガイド』（明治図書，2016年），柳沼良太『子どもが考え，議論する問題解決型の道徳授業事例集』（図書文化社，2016年）など。

竹井　秀文（たけい　ひでふみ）
大学卒業後，証券会社に入社，その後，岐阜県公立小学校，岐阜大学教育学部附属小学校，東京学芸大学附属竹早小学校で教職に従事。現在は，名古屋市の公立小学校特別支援学級担任。道徳教育に係る評価等の在り方に関する専門家会議発表者，「学びとしての食」竹井塾塾長，日本道徳教育学会会員，日本道徳基礎教育学会会員。編著書に加藤宣行・竹井秀文『実践から学ぶ　深く考える道徳授業―道徳のポイント　12の資料　24の実践』（光文書院，2015年），共著書に柳沼良太・竹井秀文『アクティブ・ラーニングに対応した道徳授業―多様で効果的な道徳指導法（DVD付）』（教育出版，2016年）など。

道徳科授業サポートBOOKS
小学校道徳科
「問題解決的な学習」をつくるキー発問50

2018年4月初版第1刷刊	©著　者	柳　沼　良　太
		竹　井　秀　文
	発行者	藤　原　光　政
	発行所	明治図書出版株式会社

http://www.meijitosho.co.jp
（企画・校正）赤木　恭平

〒114-0023　東京都北区滝野川7-46-1
振替00160-5-151318　電話03(5907)6702
ご注文窓口　電話03(5907)6668

＊検印省略　　組版所　株式会社アイデスク

本書の無断コピーは，著作権・出版権にふれます。ご注意ください。

Printed in Japan　　ISBN978-4-18-147624-3
もれなくクーポンがもらえる！読者アンケートはこちらから　→

大好評発売中!

3時間で学べる 平成29年版 小学校 新学習指導要領 Q&A

新しい学習指導要領を研究する会 編著

とにかくやさしく新学習指導要領を解説しました

- A5判
- 136頁
- 本体 1,760円+税
- 図書番号 1198

目次

Chapter 1
誰でも「改訂の全容」が分かる新学習指導要領Q&A

そもそも学習指導要領の改訂って何?/今回の学習指導要領における一番の改訂点はどこ?/学習指導要領が変わると授業はどう変わるの?/新しい学習指導要領は、どんな子供の姿を目指しているの?/ほか

Chapter 2
いますぐ「各教科の改訂ポイント」が分かる新学習指導要領Q&A

国語の改訂の一番のポイントは?/ほか

初めて学習指導要領の改訂を経験する先生でも、3時間ですべてのポイントがわかる!「主体的・対話的で深い学び」「カリキュラム・マネジメント」など、話題の文言の解説から、各教科の一番の改訂点、具体的に現場はどう変わるのかまで、Q&A形式ですべて解決します!

☑ 「主体的・対話的で深い学び」の実現って何?
☑ 道徳が教科化されるとどうなるの?
…にすべて答える
とにかくやさしく **最初の一冊**

 明治図書 携帯・スマートフォンからは **明治図書ONLINE へ** 書籍の検索、注文ができます。
http://www.meijitosho.co.jp *併記4桁の図書番号(英数字)でHP、携帯での検索・注文が簡単に行えます。
〒114-0023 東京都北区滝野川7-46-1 ご注文窓口 TEL 03-5907-6668 FAX 050-3156-2790